〝自己肯定感〟のスイッチが入る！

自分を受け入れる力

午堂登紀雄

青春出版社

序章

息苦しいのは自分だけ？

こういうこと、ありませんか？

・考えすぎて動けない
・対立を恐れ、主張できない
・一人で行動するのが苦手
・周りの意見に過剰反応し、挑戦できない
・あまり自分の主張ができず、周囲に合わせることが多い
・「人から嫌われてはいけない」と思っている
・人に何かを頼むのが苦手
・人から何かを頼まれたら断れない
・すぐに謝ってしまう
・良くない結論になりそうだと予想することが多い
・人のふとした発言で、嫌われたと感じることがある

・誰かがひそひそ話をしていると、自分の悪い噂をしていると感じる
・他人と比べて落ち込むことが多い
・完璧に準備をしないと動けない
・何事にも白黒をはっきりつけないと気が済まない
・「一度立てた計画は絶対にやり遂げるべきだ」と思っている
・「失敗したらおしまいだ」と思っている
・浮気や不倫は絶対にいけないと思う
・「私には愛される価値がない」と思っている
・「結婚しないと幸せになれない」と思っている
・「お金がないと結婚できない」と思っている
・「仕事ができないと価値がない」と思っている
・「生きづらい」、「窮屈な世の中だ」、「人生がつらい」と思うことがよくある
・「自分には取り柄がない」と思っている
・よく後悔する方だ

もし当てはまる項目が多いとしたら、「自分は自己肯定感が低いかも?」と疑ってみる必要がありそうです。というのもこの「自己肯定感」は、人生を生き抜いていくうえで非常に重要な要素だからです。

もちろん誰でも多かれ少なかれ当てはまることであり、程度問題ではありますが、「たくさん当てはまる」なら、かなりしんどい人生を歩むことになりかねません。

そこで本書では、この「自己肯定感」を読み解き、コントロールし、いかに平穏な感情で平穏な日常生活を送るかにフォーカスしたいと思います。

また、本書では自己肯定感を、広い意味で定義しています。

本来は、**「自分は自分で大丈夫」「自分は自分なりに生きてよい」**という、自分と自分の人生に対する信頼感のことですが、ほかにも、

「自分は他者に貢献できる人間である」という**自己有能感**

自分を大切にする**自己愛**
「自分はこういう人間である」という**アイデンティティ**
「自分はそれなりに価値がある人間である」という**自尊心**
といった、自分自身と世界に対する信頼感なども含めて「自己肯定感」で統一します。
なぜなら、これらいわゆる自尊感情は、それぞれが単独で成立しているわけではなく、統合的・総合的に組み合わさって形成され、発露されるからです。

そしてこの自己肯定感を高いレベルで獲得できるかどうかは、幼少期の家庭環境に非常に大きな影響を受けます。
たとえば虐待を受けて育った子どもは、自分が安心できる場所が確保できない不安感にさらされ続け、人との適切な距離感や信頼関係をはぐくめません。そのため再び自分の子に虐待をするという負の連鎖が繰り返されることはよく知られています。

虐待まではいかなくても、高圧的な親に押さえつけられて育った子、子に無関心な親ゆえに十分な愛情を受けずに育った子、親の過保護・過干渉により、つねに親の顔色をうかがいながら育った子、誰かと比較されて優劣をつけられたり、「○○してくれたら褒めてあげる」などと条件付きの愛情しかもらえなかった子なども、自己肯定感が低くなりがちです。

自己肯定感が低いと劣等感に支配されやすい

自己肯定感が低いと、自分の価値に自信がないゆえに、他人と比較しなければ自分の評価ができないということになります。

そのため、**他人と比較しては優越感に浸ったり、あるいはマウンティングして「自分の方が上だ」と確認しようとしたりします。**

そうやって自分の評価が下がらないようにするわけですが、**他人に攻撃的な人や自慢話が多い人、嫌味を言う人というのも、自己肯定感が低く自分に自信がないため、虚勢を張ることで自分の本当の実力がバレないよう必死なのです。**

とはいえ、どの分野でも上には上がいるものですから、妬みやそねみ、劣等感や自己嫌悪といった感情にも支配されやすいと言えます。

そして劣等感をこじらせると「自分には無理」と最初から尻込みするようになってしまいます。

また、自己肯定感が低い人は、実は**他者からの承認欲求が過剰に強い傾向もあります。**前述の通り自分の価値観や判断軸に自信を持つことができず、他人の目を通してしか、自分の存在を確認できません。

つまり自分では自分を認められないから、他人に認めてもらうことで承認欲求を満たそうとするわけです。

こういう人にとってＳＮＳは承認欲求を手軽に満たせる格好のツールで、「いいね」が欲しいあまり、過激な行為など社会通念上の公序良俗に反する動画や写真を掲載して炎上することがあります。

他人から認めてもらえることが優先し、常識的な判断力すらマヒしてしまうのです。

一方で、他人から褒められたときに素直に応じられない人もいます。自分は褒められるほど価値のある人間ではないと思っているためです。

「その服、素敵だね」と言われたとき、「ありがとう」と答えると、何か自分が調子に乗っているようで心苦しい。

相手から「ちょっと褒めたくらいで調子に乗るなんて」と思われないかと不安で、「そんなことないよ」と相手の気配りを台無しにしてしまいます。

彼らは、自分もそこそこ恵まれていて、そこそこ幸せだということは目に入らず、卑屈なほど「いえいえ、自分なんてそんなそんな、とんでもございません」と腰が引けがちです。

「いい人」願望が強く人間関係が行きづまりやすい

自己肯定感が低い人は、周囲から嫌われてはいけない、万人に好かれないといけないという強固な信念を持っています。

自分に自信がないため、周囲からの協力がなければやっていけないという潜在的な恐怖心があるのかもしれません。

そのため、自分の意見を押し殺して他人に迎合したり、人との摩擦や軋轢を恐れ、自己主張をせず遠慮したりする傾向があります。

しかし、そうやって本心を見せないために、周囲からは逆に「何を考えているかわからない人」「周囲を警戒して寄せ付けようとしない人」と映ってしまい、むしろ逆効果になっていることに気が付きません。

あるいは、嫌われないよう気を遣いすぎるあまり、イヤなことでも断ることができません。仕事や雑務はもちろん、気が進まない食事会や飲み会など、依頼されたり誘われたりしても、断る口実がとっさに出てこない。

「断ったら相手の気分を害するかもしれない」「付き合いの悪い人と思われるかもしれない」という不安が思考を支配し、「う、うん、いいよ」と応えてしまう。

また、彼らは「自分が周囲からどう思われるか」が優先するあまり、他人の気持ちを想像したり理解する余裕がありません。そのため突然トンチンカンな発言をして場の空気を凍り付かせてしまったり、カチンとくる余計な一言を言ってしまったりします。

こうして自己肯定感が低い人は、人から好かれよう、嫌われまいというその発想によって、逆に人間関係を損ないやすいのです。

そして自分の価値を低くとらえ、他人の価値を尊重するため、すぐに他人を信用する傾向があります。疑うと相手が気を悪くするのではないかと感じ、疑うことに罪悪感を覚えます。

つまり**「騙《だま》されやすい人」**ということになるのですが、こういう他人に影響されやすい人は、感情に振り回されやすく、冷静に論理的に深く考えることが苦手です。

ちょっと複雑な問題に直面したら、「ああもう、わからない!」「もうどうでもいい!」「もう知らない!」とさじを投げがちです。自分の頭で考え抜くという経験が少なく、物事を突き詰める思考体力がありません。

だから、安易な儲け話に騙されたり、他人の話を容易に鵜呑みにしてしまうのです。

では、論理力が低い彼らは、どうやって日々の選択を行っているのか?

それは感情です。

そのため、何かにつけて感情的になり、感情で判断します。

「思いつめる」のも感情です。

「生きづらい」「窮屈」「閉塞感」も、本人が勝手に抱く感情です。

そしてこれは男女間の恋愛・結婚でも同じ。

特に自己肯定感が低く精神的に自立できていない男女は相性が良く、そういう人同士のカップルはお互いに依存し合う関係となります。

男性で多いのは、説教・命令・オラオラ系のモラハラタイプです。彼らは自分に自信がないため、自分より弱い存在を従えることで自己有能感を得ようとするからです。

優秀な人の中にいると相対的に自分は落ちこぼれとなって自信を失いがちですが、自分よりダメな集団の中にいれば、相対的に自分は優秀となります。いわゆる対比効果による自信です。

だから自分より弱い人を従え支配すれば、自分は強い存在だという自信を持てるわけです。

逆にこういう人は、自己肯定感が高く自立した女性には近づかないし、近づけません。彼らは凛とした女性を目の前にしたとき、自分ではこの人を支配できないと本能的に悟り、及び腰になるからです。

自立した相手と一緒にいると、自分がひどくちっぽけで無能な存在に思え、そう感じる恐怖感が、避けるという行動につながります。

一方で、自立できていない自己肯定感の低い女性を目の前にすると俄然自信が出てきて、猛アプローチをかけるのです。

女性側も、自己肯定感の低い人に限って、こういうモラハラ男性を頼もしく感じます。彼女たちは、自分が必要とされている、自分に存在価値があると確認できるという心理的満足感が欲しくて、相手が虚勢を張っていることを見抜けません。

こうして、いつも同じような男性が近寄ってきて、いつも同じような男性を好きになり苦労させられます。

むろんこれらは程度問題ではありますが、かように自己肯定感が低いと、人生のあらゆる場面で躊躇《ちゅうちょ》したり、損をしたりしやすいのです。

「他人に嫌われない」ために生きているわけではない

自分の考えをきちんと伝えると嫌われる、と感じている人は少なくありませんが、そもそも「自己主張」とは、相手を否定することでもないし、好かれるためにすることでもありません。

相手を攻撃するとか、非難するとかではなく、自分の価値観を相手に押し付けるわけでもなく、自分の考えを素直に誠実に述べることです。

「それは違うと思う」とか「自分はそうは思わない」「それはおかしい」「そんな考え方はおかしい」などと相手を批判・否定するのではなく、「自分はこう思う。こうしたいと思う。それはこういう理由だから」という感じで素直に誠実に主張すれば、ネガティブに受け止められることは、そう多くはないはずです。

そして、人に好かれることや嫌われないことではなく、ありのままの自分で生きることを前提に行動することです。

仮に好かれなくても、嫌われないように自己主張することは可能です。

たとえば仕事の締め切りに追われて忙しいのに「今ちょっと時間ある？」と同僚から声をかけられたとき。

「今忙しいんだけど、ちょっとって、どのくらい？」とか「ちょっと今忙しいからムリ」というのはさすがに感じが悪い。

しかし、たとえば「ゴメン、この仕事を急いで片付けちゃうから、10分後でもいい？　あとで声をかけるよ」というふうに答えれば、今はやめてほしいという自分の本音を伝えつつ、嫌われるリスクは減るでしょう。

つまり、言葉遣いや表現の工夫によって、自己主張しつつも嫌われない作法を身につけることはできるということです。

とはいえもちろん、自分の本音を伝えれば相手の期待通りにならないこともあるし、利害が対立することもあるから、おのずと限界はあります。

ただし、**相手に迎合したところで、あなたのことを「いい人だ」と思う人はほとんどいない**という現実を受け入れる必要があります。

そもそもあなたが自己主張し、それが相手の心に響いたときに初めてそれが「いいかどうか」がわかるのです。

当然ながら、「そんな考えには賛成できない」「けしからん」と感じる人もいるかもしれない。

しかしそれを恐れて自己主張しなければ、誰からも共感を得ることはできない。主張がなければいてもいなくても変わらない空気のような存在で、一人の味方すらできないということになります。

それに他人は、単なる印象や外見だけで判断することもあるし、嫉妬や羨望で嫌うこともあるわけで、そんな他人の感情は、自分ではコントロールできません。つまり、**相手がどう思うかは相手の問題であって、自分の問題ではない。コントロールできない相手の問題を自分の中に抱える必要などないし、そもそも無理なのですから、気にしても仕方がない**と受け入れることです。

また、自己肯定感が低い人は、言語化能力が未熟な傾向があります。自分がどういう価値観、そして行動原理で生きているかをあまり考えておらず、それが自信のなさにつながっています。

特に、「なにかとモヤモヤすることが多い」という人は、自分の感情や考えを明確な言語として表現できていないからです。

そこで、日記をつけたり自分とは異なる考えを主張している本を読むなどしてたくさんの主義主張を取り入れ、自分の価値観や考えを多種多様な言葉で表現できる言語力をつけることです。

すると、「自分はこれこれこういう信念で生きている。その結果もこれこれこれこのように自己責任で受け入れることができる」と、どのような批判や雑念にも、論理的に対処できるようになります。

自分の価値観には自分なりの正当性があることを論理的に説明できれば、それが精神的な支えとなり、確固たる自信となります。

そして、他人との比較をやめること。

幸福や満足は、他人との勝ち負けでは決まりません。

人生の中ではいろんなことが起こりますから、ある一定時期の成功だけで人の

幸福は測れません。

外面の優劣よりも、本人の内面の幸福感の方が重要で、それも人生のタイミングによって変わります。

そう考えると、他人の内面など知りようがないわけですから、他人との比較は無意味であり、そこから生じる劣等感も、「もっとがんばろう」というプラスのエネルギーに変換できる人でない限り、人生の無駄遣いだということがわかります。

目次

序章
息苦しいのは自分だけ？

1章
なぜ、「自信を持とう」では変われないのか？

他人に合わせて疲れる人、疲れない人の違い

利用されやすい人の傾向

「自分を出さない」から始まるスパイラル

ルールに縛られないヒント

2章

「他人に合わせてるのに報われない」がなくなるヒント

3章
無意識にやっていた「残念な言動」が今日から変わる！

4章

仕事がうまくいく「穏やかな肯定感」の育て方

5章

「自分」という個性を発揮しきるコツ

自分らしさが活きるスタイルを作り上げる

人づきあいで悩まない習慣

カバーイラスト　田渕正敏
本文デザイン　大下賢一郎

1章

なぜ、「自信を持とう」では変われないのか？

自分も他人も「アリ」な人とは

自己肯定感を下げている習慣

たった1つの言動で相手の人格を決めつけてしまう

自己肯定感が低い人は、他人からどう思われているかを必要以上に気にするあまり、相手に踏み込んで聞くことを恐れます。

そのため、ちょっとでも不満なことがあったら、自分の気持ちを相手に伝えたり、なぜそのような態度を取るのかなどと聞いたりせず、自分の方から引いてしまいます。

あるいは、メールの返信がない、あいさつがぞんざいだった、軽くあしらわれた、無視された、というだけで、「ああ、この人は自分のことを嫌いなんだ」「裏切られた」と勝手に思い込み、自分から距離を置きます。

しかし、相手は別にその人のことを嫌いなわけではなく、ただ返事を忘れただけとか、考え事をしていてあいさつがおろそかになった、忙しくて気持ちに余裕がなく不遜な態度になってしまった、たまたま気が付かなかった、というだけのことかもしれません。

なのに、相手に確認しようとせず、「あの人は礼儀知らず」「あの人は怠け者」「あの人は傲慢」などと、**たった1つの言動だけで、その人の全人格を決めつける傾向があります。**

自己肯定感が低い人は、**相手に踏み込んで自分の本心を伝えたり、逆に相手の本心を聞こうとしないため、先入観や固定観念が非常に強固になりがちです。**

そして思い込んだら曲げることができません。**事実を示しても、「そんなのはおかしい」と、事実をねじ曲げてでも自分の考えに固執します。**

たとえば、医者にかかったら薬を出してもらうべきだと考えている人は、副作用が大きいから薬は処方しないと医者に言われたら、ヤブ医者だと非難します。

経済学は正しいと考えている人は、経済学では説明できない相場動向や経済状況を前にすると「経済学的にあり得ない」と、事実の方に目をつむります。

それでいて、たとえば「昼休みに仕事をする同僚はおかしい」などと、「そんなのどうでもいいじゃん」と思えるような、ちょっとしたことにこだわります。

また、相手がどうすれば喜ぶかではなく、「こうすれば相手は喜ぶはず」と自分の思い込みで行動します。

その典型例が**「あなたのためを思って言ってるのよ」**という親や親戚、先輩のセリフ。これも、自分の考えとは異なる相手が不満で、ただ自分の価値観を押しつけて本人が安心したいだけ。その理由を「あなたのため」とすり替えて言い訳をしているのです。

これも「自己肯定感が低い人」の特徴的な行動パターンのひとつです。自己肯定感が低いがゆえに、自分の価値観の方が正しいのだと確認したい。相手を否定して自分が上になるという優越感を得たいのです。

相手には相手の事情や都合や考え方があるということに思いが及ばず、自分の考えがすべて正しいと思いたいのです。

自己肯定感が上がる習慣

「いろんな生き方があっていい」と認める

成熟した大人は、自分に寛容であり、他人にも寛容です。自我が確立すれば、自分は自分でいいんだと信じることができます。また、私たちは人に迷惑をかけながら生きているわけですから、他人のことも許すことができます。

しかし自己肯定感が低い人は、自分に不寛容で、自分の性格が好きではありません。むしろ嫌いです。だから他者に自分の評価を求めてしまう。あるいは他人と比べて自分の方が価値が高いと確認したくなる。

そして自分を嫌いな人は、他人も嫌いです。自分とは違う他人、自分の期待通りに動いてくれない他人にイライラしがちです。

そんな彼らがネット上で不適切な写真や発言を見つけると、あるいは芸能人や政治家の不倫報道などを見ると、一斉に叩き始めます。いわゆる炎上です。

そうやって彼らは自分の正義をぶつけられる対象を探しては溜飲を下げようとしています。

自己肯定感が低い人はつねに不満が渦巻いていて、世の中は厳しいと感じ、人生が好転することがありません。

さわやかな感情で生きるためにまず必要なのは、自分とは違う他者を認め、受け入れることです。

人はみな不完全ですから、そんな不完全な他人を許せる自分になれば、不完全な自分も受け入れられるようになります。

あるいは逆に、不完全な自分を認めることができれば、不完全な他人も受容できるようになります。

「他人は他人でがんばって生きているんだろう。そのあり方は自分の考えるものとは違うけど、それもアリ」

「そして、自分も他人とは違うけど、それなりにがんばって生きている。だからそれもアリなんだ」

というイメージです。

仮に自分に嫌いなところがあったとしても、それも含めて自分です。

無理に変えようとするのではなく、そんな自分でも快適に生きられるよう、捉え方、関わり方を変える。

自分を好きになろうとごまかすのではなく、ありのままでいいと受け入れるのです。

幼い頃にできた「考え方のクセ」に気づく

自己肯定感を下げている習慣

自分に厳しすぎ「起きてる間、いつも傷ついてる」

自己肯定感が低い人は、いつも傷ついてばかりで人間関係が苦しい、という状況に陥りやすいところがあります。

というのも、相手の反応をネガティブに解釈しやすく、それを過剰に気にするからです。そしてその原因は、次のような思い込みです。

- 誰からも好かれなければならない（誰からも嫌われてはいけない）
- 誰にも迷惑をかけてはいけない
- つねに周囲に好印象を与えなければならない

・つねに有能な人物でなければならない
・他人からバカにされてはいけない

しかし、実際はそうではないから苦しくなる。

そして、**一部分を見てそれが全体だと一般化してしまう特有のクセ**があります。
たとえば相手の反応が期待通りでないと、自分が嫌われたように認識してしまう。自分の意見が否定されたら、自分の全人格を全否定されたように認識してしまう。自分の思い通りにいかないことが一つ二つあっただけで絶望感を覚え、すべてがダメであるかのように認識してしまう。

このように、ひとつの出来事を拡大解釈して認識する傾向があるため、ちょっとしたキズでも体をバッサリ切られたような痛みを感じるのです。

また、**他人には寛容なのに自分には厳しい、他人なら許せる失敗も自分がそう**

だと許せないという傾向を持っています。だから完璧主義になりやすく、実際はやはりそうではないから苦しくなる。これはまったく論理的でも合理的でもないのですが、そういう**理不尽を自分に課している**のです。

ほかにも、

「白か黒かという二者択一思考が強い」

「一度起こったネガティブな出来事が永遠に続くと思う」

「特殊な例を普遍的なものだと思う」

「自分に都合のよいことだけ肯定し、都合の悪いことは否定する」

などといった傾向があり、人生で直面する様々な判断に影響を及ぼします。

つまり人間関係だけでなく、人生の全方位にマイナスに働いてしまうのです。

自己肯定感が上がる習慣

「本当にそう?」と問い直す

「沈黙は気まずい」「コミュニケーションしなきゃいけない」と強い思いを持っている人は少なくないと思います。

もちろん対人関係能力は仕事はもちろん、人生を楽しく快適に過ごすためにも重要であることは否定しません。メールやオンラインコミュニケーション全盛の時代だからこそ、対面の価値が高まるという側面もあるでしょう。

しかし一方でそうした社会の圧力が、内向的でコミュ障気味な人を追いつめる要因のひとつにもなっています。

たとえば「友達がいない自分は寂しい人間なんだ」「孤独な自分は人間としてどこかおかしいんだ」などと自分を責める、といったように。

そもそも孤独というのはただの状態を指すものであり、それをどう意味付けするかは本人次第のはずです。

「肩身が狭い」「寂しい」「恥ずかしい」というのも、本人が勝手に感じているだけで、別に他人からどうこうされたわけではないでしょう。

つまり「思考のクセ」がそうさせてしまうわけなので、自分がしている解釈にはどんな合理的な根拠があるのかを立ち返ってみることです。

そして、この「思考のクセ」や「捉え方」、つまり「認知」を意識して変える必要があります。

多くの場合、親や学校の先生、友達、会社の同僚や上司の影響を受け、さらに成長する過程で触れてきた断片的な情報によって、思考のクセができあがります。

たとえば小学校に入学したとき、親から「お友達はできた?」などと聞かれて、友達がいることが善、いないのは悪と受け止め、それを引きずって大人になってしまったとか。

ほかにも、「借金は良くない」とか「家事や子育ては女性がやるべきだ」などといった根拠のない思い込みに支配されることはよくあります。

しかしよく考えてみると、借金に最初から良い悪いが決まっているわけではなく、借金して留学したり工場を建てたり、うまく活用している人や企業があることを考えれば、あくまで借金の利用の仕方であり、それは本人次第であることがわかります。

家事や子育ても、戦後の核家族化に伴い専業主婦が普通だった時代の価値観であり、もともと夫婦共働きが主流の欧米・アジアでは協力してやるのが一般的だとわかります。

だから、

「自分が苦しいのは、どのような捉え方をしているからなのか」

「自分の判断の背景にある考え方は何か」

「そこに合理的根拠はあるのか?」

を、いったん立ち止まって顧みるようにするのです。

他人に合わせて疲れる人、疲れない人の違い

自己肯定感を下げている習慣

自分を出さないため周囲になじめない

自分らしく生きるということは、本音で生きるということです。

それは自分の個性を出すということですが、他人とは違う個性があるから、周りの評価は好き嫌いなどによって分かれることになります。

それはつまり、**自分のところを去る人がいる一方で、親密になれる人もいる**ということです。

しかし自己肯定感が低い人は、自分を抑えてでも周囲に合わせようとする傾向があります。しかしそれでは、ますます孤独感が強まります。仮にグループの中

にいても、自分は浮いていて、なんとなく輪になじんでいないような感覚を覚えます。

なぜかというと、自分が心を開いていないからです。本当の自分を抑えて出さないということは、周囲に心を開いていないということ。

心を開いてくれない相手は何を考えているかわからないから、当然相手も心を開いてくれないわけです。

自己肯定感が低い人は、「つながっている感覚」が欲しくて誰かと一緒にいることが多く、そういう人間同士の関係は、単なるもたれ合いで深いつきあいになることはありません。

なぜなら、自分の孤独を癒すために相手を利用しているだけで、相手に心を開いているわけではないからです。そして、そういう人の周りにはやはり同じような人が集まりますから、相手も同じように心を開かないのです。

こうした人の心理はともするとＳＮＳなどでも、たとえば仲間と一緒という姿を痛々しいほどアピールするといった、過剰な自己防衛行動となって現れます。

そもそも人とのつながりは、人生の質を高める過程で感じる感覚であって、自分の価値を証明することではありません。

自分が人とつながっていることを周囲にアピールし「自分は孤独ではない、寂しくない」と安心したいがために、他人の存在を利用し続けるのは非常にしんどいことです。

自己肯定感が上がる習慣

「孤独ではない」をわざわざアピールしない

一方、適切な自己肯定感を持っている人は、自分が孤独でないことを証明する必要はありませんから、自然体で相手と接することができます。

なんとかして好かれよう、嫌われないようにしようという緊張感がありませんし、こんなことを言ったら変と思われないかな、嫌われないかな、と制限しなが

ら会話する必要もないですから、空気も発言も穏やか。それは相手にも伝わります。

寂しさを紛らわすためという発想はありませんから、同調圧力も監視もなく、自然なつきあいです。

自分は本音を言ってもいいし、相手の本音も受け止められる。それが自分の考えと違っていても、「そういう考え方もあるよね」と認め合うことができる。**他人にしがみついたり、他人を利用しようという打算がありません。つまり良質な人間関係を維持できるというわけです。それこそが、本音でつきあえる関係と言えるのではないでしょうか。**

自己肯定感が高まれば、孤独でも寂しさを感じなくなるとともに、むしろより充足した感情を持つことができるようになります。

みんなでいても楽しいけれど、一人でも楽しい。どちらの状態でも楽しむことができる。一人になることが怖くないから、無理して周囲に合わせて人間関係を維持する必要もなく、自分らしく生きられる。

もちろん、それで離れる人もいれば、魅力と感じて近づいてくる人もいる。しかしその結果、自分を飾らず偽らずにつきあえる人間関係のみが残るから、いつも楽しいというわけです。

また、お互いの意見や考えを認め合えるようになると、他人からの心ない批判もスルーできるようになります。

「まあ、いろんなことを言う人はいるよね」

「そんなことでいちいち目くじら立てて、ほんとにバカだなあ……」

「そのエネルギーを、もっと有益なことに使えないものかね、残念な人もいるもんだ……」

と、受け流すことができます。

そうやって**他人に対する健全な無関心さを身につけることで、周囲が過剰に気にならず、イライラする頻度を減らすことができます。**

そんな精神的な余裕があれば、いざというときには他人にも優しく接することができるというものです。

つまり、精神が成熟した人ほど孤独を好み、未熟な人ほど他人とつるみたがるのです。

利用されやすい人の傾向

自己肯定感を下げている習慣

「認められている」と勘違いする

自己肯定感が低い人が幸せをつかみにくい理由のひとつは、前述の通り、ずるい人を引き寄せ、なめられ、利用されやすいからです。

特に、幼少期に親からの愛情が乏しかったという原体験のある人は、大人になってからも愛情飢餓感が強く、自分を褒めてくれる人、自分を必要としてくれる人を誰でも信用してしまう傾向があります。

そんな「自己肯定感が低い人」を、ずるい人間は放っておきません。学生時代の先輩後輩よろしく、舎弟扱いされ、都合よく利用されてしまいます。しかも**本**

人は、利用されていることを「認めてもらっている」と勘違いします。

会社では雑用を頼まれる、残業や休日出勤を半ば強制される。タバコや缶コーヒーを買いに行かされる。

休日でも、ゴルフコンペの運転手として駆り出される、引っ越しの手伝いをさせられる。

プライベートでも、町内会の役員を押し付けられる、ＰＴＡや子供会の雑務をやらされる……。

また、愛情飢餓感が強い人は、相手の歓心を買おうと、不必要におごったりプレゼントしたりします。お金を振る舞って気前の良さをアピールし、自分の周囲に人を集めようとします。

彼らは、相手との距離感がつかめず、時間をかけて相手との関係を築く方法もわからないので、相手に媚びて自分を安売りする行動に出ます。

しかしその結果、おべっか使いばかりが集まってしまいます。そしてお金というメリットを失えば、さーっと潮が退くようにいなくなります。金の切れ目は縁の切れ目で、ずるい人はまた別のターゲットを探すというわけです。
彼らは、その人の財布だけが目的です。その人の自己愛の強さを知り、自分を安売りすることをわかっています。

自己肯定感が低い人は、いじめグループやママカーストなどでも標的になります。歪んだグループでは、メンバーの自尊心を満たすための道具にされてしまいます。

グループのメンバーにとって都合よく、利用しがいがある人、いじりがいがある人、格下扱いができる人物が「自己肯定感が低い人」です。

そして周りから嫌われるのを恐れる「自己肯定感が低い人」は、そんなずるい人たちの言いなりになってしまいます。これはつまり奴隷と同じ。

普通の社会人であれば、親族や学生時代の友人などを除き、人間関係を損得で選びます。たとえば悩みを打ち明けあえるというのも、ひとつの得でしょう。

つまり金銭面だけでなく、自分の人生にとって発展的貢献につながるかどうかという意味での人間関係の選択です。

しかし「自己肯定感が低い人」の損得とは、自分が好かれるかどうか、嫌われないかどうかという判断軸しかないから、人間関係を間違えます。

彼らにとっては、相手の発する言葉は嘘でもお世辞でもよく、自分の人生にメリットがある人なのかを考えるとか、自分を利用しているだけではないかと疑うという発想がありません。

自己肯定感が上がる習慣

感情を表す方が好かれる

そこでまずは、全員に認めてもらう必要はないし、そもそも不可能だという前提のもと、自分の好き嫌いをはっきりさせていくことです。

他人からの好意や「嫌われないこと」で自分の価値を認識するのではなく、自分で自分自身を認めることです。

そして、他人に媚びて自分を安売りして認めてもらおうという発想ではなく、**相手や社会の問題解決をすることで価値を出そうという発想に切り替えることです。**

「私は世間の期待、周囲の期待に応えるために生まれてきたわけではない」
「相手も、私の期待に応えるために生まれてきたわけではない」
「だからみんな、自分が目指す道を自分らしく生きればいいんだ」

というふうに、自分を尊重し、自分の損得基準を信頼し、つきあう人を選んでいくことです。

同時に、自分の感情を素直に表に出すことです。

それはわがままに自分勝手に振る舞えということではなく、自分はどういう人間でどういう人生を目指しているか、何を幸せと感じるかという軸をはっきりさせることでもあります。

すると、あなたに共感する人、あなたとウマが合う人が自然に集まり、そうではない人との関係は疎遠になるでしょう。

すると、自分の人間関係は同じような価値観を有する同士ゆえに、穏やかで信頼できる関係として安定しやすいのです。

とはいえ、現実逃避や傷口のなめ合いにならないよう、人間関係を固定させすぎず、自分のレイヤーを上げ、つきあう人のレイヤーを上げていく努力は必要ではあります。

「自分を出さない」から始まるスパイラル

自己肯定感を下げている習慣

ちょっと嫌われることを「大変な恐怖」に育ててしまう

「自分に自信がない」という人、「自分の性格が好きではない」という人は、自己肯定感が低いかもしれないと疑った方がよいでしょう。

なぜなら、他人の目を過剰に気にするあまり、自分の価値基準より他人の価値基準を重視して生きることになってしまうからです。

また、自信がない自分が不甲斐なく、他人に合わせる自分も本当は好きではない。でもそういう状況から抜け出せない自分への嫌悪が強くなっていき、次第に自分のことも嫌いになります。

こういう人は「必死で努力して何かを成し遂げたという自信」など拠って立つ経験がないため、自分の軸の形成が未熟です。

特にずっとフリーターや派遣社員など不安定な雇用形態を続けている人や専業主婦が陥りやすい思考パターンでもありますが、彼らは自分で生活を守る自信も自分で生きていく自信もありません。

本当はその力があっても、どうすればいいかを考えたことも経験したこともないから、自分では何もできないという発想になりやすいのです。

また、過去の挫折経験がトラウマになっているケースもあります。彼らは、「やればできる」といった自分への信頼感が欠如しています。

彼らに対して「やればできるよ」と言っても、「私なんて何もできない」という答えが返ってきます。「そう言わずに、こういうところが素晴らしいよ」と言っても、「そんなことない」と、ことごとく自分を否定します。

彼らは自分に自信がないから、傷つかないよう予防線を張り、自分の心の安全を優先するようになります。

そのため自己主張せず周囲に合わせようとします。他人に合わせていれば、外から矢が飛んでくるリスクは低いし、挑戦しなければ失敗して傷つくこともないからです。とにかく安全圏にいて、人との摩擦や失敗・挫折という痛みを受けないようにしたいのです。

しかし、そうやって迎合的な態度をとり続ければ、本当に嫌われることが大変な恐怖に思えてきます。

幽霊と同じで、怖いと思うから、本当に怖くなる。

嫌われて孤立するのを恐れる気持ちが、どんどん膨れ上がって本物の恐怖になってしまう。

そしてますます委縮し、自分を出せなくなる悪循環に陥るのです。

自己肯定感が上がる習慣

「自分を表現してもいいんだ」という安心感を育てる

自己肯定感が低い人は、自分の価値観や人生をポジティブに捉えることができません。前向きになろうとしても、思考が堂々巡りで最後はネガティブになり、「やっぱりムリ……」となってしまいます。

そんな人こそ、自分の主義主張や思いなど、考えたことを吐き出す場を作ることです。

特に、ネガティブな感情は思考のアカとなって脳内に蓄積していきます。

自分とは違う主義主張を許せないのも、内にこもった鬱屈した固定観念が、脳にこびりついてより強固にされていくからです。

そこで、苦悩を内にこもらせず外に出すことで、自分の思考のアカをはがしていくのです。表現する手段を持つと、そこで自分の思考を発散してなおかつ客観視できるため、自分が捉われている固定観念に気づくこともできます。

実際、生き生きしている人は、「自分を発表する場」を持っています。たとえば芸能人がどんなにスケジュールがハードでも過労死といったニュースになりにくいのは、やはり自己表現を仕事としているからではないでしょうか。

また、作家、講演家、画家、漫画家、書道家といった人たちも、自分を表現する仕事です。今の自分が持っているイメージやアイデアを表現する。そうやってどんどんアウトプットすることで、今までの思考を過去のものとしていくため、新しい視点を取り入れることができるのです。

いわば自己表現とは呼吸のようなもので、古い二酸化炭素を吐き出すからこそ、新鮮な酸素を吸うことができる。

思考や価値観も同様に、古いそれらを外に出していけば、新しいものの見方や考え方を吸収するスペースができるようになります。

それには「日記を書く」という方法もありますが、誰も反応してくれる人がいないクローズドなものより、ブログやメルマガのように見てくれる人がいるネットメディアのほうが適しています。また、実名のフェイスブックなどより、匿名のほうが躊躇せず書くことができるでしょう。

たとえばブログで自分の思いをつづっていると、あなたの意見に賛同したり共感したりする人が出てきます。それは自分の考え方への自信となり、「自分の主張を表現してもいいんだ」という安心感となります。

ルールに縛られないヒント

自己肯定感を下げている習慣

「ルール」を守ろうとしすぎる

自己肯定感が低い人は、自分で決めたルールや、社会の一般的なルールを過剰に守ろうとします。

ルールを守ることに必死で、そのルールがおかしいとか、時と場合によっては間違っているかもしれないという認識を持てません。そのため、普通の人以上に窮屈さを感じてしまうのです。

たとえば私の自宅近所の中学校では、「女子生徒は耳の高さ以上のポニーテールは禁止」という校則があるらしいのですが、その理由を聞いたところ「変質者対策」ということでした。

しかし、**「ポニーテールをしないことがなぜ変質者対策になるのか?」についての因果関係は不明です。**

前提として、「ポニーテールは変質者を引き寄せる」という事実、そして「おさげ」や「おかっぱ」では変質者が寄ってこないという事実が必要ですが、それは誰かが確認したのでしょうか。

そして変質者は、ポニーテール以外の、夏のブラウスに透けたインナーや、スカートから伸びる白い足などには反応しないのでしょうか。胸の大きな女子生徒や美少女はどうすればいいのでしょうか。

そう考えると、ある男性教諭の個人的な性癖(女性のうなじに欲情するとか、ポニテフェチとか)に基づく一方的な校則のような印象です。

そしてそれを、何十年も守り続けている。先生はおかしいと思わないし、生徒も保護者もおかしいと言えない。

世の中には、こういう根拠のない理不尽なルールがたくさんあります。

そしてたいていのルールには、「本質的な目的」があるわけですが、ルールを守ることが目的になると、本来の目的を忘れてしまいます。

たとえば感染症対策にはマスクの着用が必要ですが、外を一人で歩いていてもマスクをしているというのはその最たるものです。密でもないししゃべらないのですから、飛沫のリスクはほぼゼロ。マスクをする意味はまったくないことがわかります。


あるいは「この状況では」という前提条件があり、状況が変わると役に立たないルールもあります。

たとえば「人をだましてはいけない」というルールも、職業がマジシャンでステージ上に立っているならば、逆に人をだますことに価値があるわけです。

つまり、そのルールはどの場面で役に立つか、あるいは立たないかを峻別する冷静さが必要で、それにはやはり一旦立ち止まること。

そして「役に立たないルールだ」と判断していい根拠は、「それは本質的な目的に貢献しない」「自分が幸せに感じない」と思えるかどうかです。

自己肯定感が上がる習慣

つらければ逃げ出してもいい

たとえば、「逃げるのは恥ずかしいことだ」「逃げるのは弱い人間だ」という暗黙のルールというか価値観があります。

しかし、そもそも人は恥をかかないために生きているわけではありません。それよりも、自分が健康で楽しく生きること、幸せをつかむことの方が大事です。だからもし毎日が苦しくてつらいなら、その環境から思い切って逃げ出すことです。これは自殺していいということではありません。

「その環境から逃げる」というのは「生き延びるために脅威から遠ざかる」とい

う、動物の生存本能に根差した判断であり、自然な行為です。

そういえば、私自身もいろんなことから逃げ続けてきました。職場のストレスから逃げるように転職し、激務から逃げてサラリーマンを辞め、人を育てることから逃げて会社経営をやめました。そして今は人と会うことから逃げて家に引きこもる、というところまで来てしまいました……。

ただし、逃げて幸福になれることと、逃げたら可能性を失うものもあるような気がしています。

たとえばかつて私が見た人の中に、取引先での重要なプレゼンの日になると、なぜかいつも体調不良（と本人は言うが）になって休むとか、仕事で取得が必要な公的資格があるのに、毎年その受験日になるとやはり体調不良で休むという人がいました。それではむしろチャンスを遠ざけてしまうでしょう。逃げて一時的に安心はしても、つねに不安にさいなまれるだけです。

これは先の「脅威を遠ざける」というよりも、肉食獣に狙われたダチョウが地中に顔をうずめるような、現実逃避的な逃げです。

だから仮に逃げたとしても「ああ、これが自分だ」「この方が幸福だ」という腹落ちしたあきらめの感情を得られるかが重要です。それが自己決定感と納得感につながるのであり、幸福を構成する一つの要素だと私は考えています。

自己肯定感が上がる習慣

「ラクになれる」ルールを取り入れる

一方、「あまり一般的ではない」と思える方法でも、「でもそう考えるとラクになれるかな」と感じる習慣なら、思い切って「マイルール」として取り入れてみるのも良いと思います。

たとえば私は、食事は1日1食で夜だけです。

冬は2日に1回しかお風呂に入りませんし、ボディソープや洗顔フォームももう10年以上使っていません。

新型コロナが広がってからは人と会わない日の方が多くなり、部屋着＝外出着＝パジャマです。つまりまったく着替えることなく数日間は同じ服装です。時間もお金も節約できて一石二鳥です。

他人から見れば単なる不潔なおっさんですが、私は非常に快適です。

子どもたちは朝ギリギリまで寝ているので、朝食を食べずに保育園に行くことがほとんどです。保育園から帰ったら、子どもといえどもストレス解消が必要だろうとタブレットで動画を見せますし、お菓子も食べていいことにしています。疲れて食事をつくる気になれない日は、外食もするしコンビニで済ませることもあります。まともな親からは「ネグレクトでは？」という批判が来そうですが、子どもたちは毎日楽しそうに過ごしています。

これも、「こういう生活スタイルのほうがラク」「こういう子育てのほうがラク」「他人から批判されないために生きているわけじゃないし」という発想です。

そうやって、より幸福に感じるようマイルールを上書きしていくのです。

2章

「他人に合わせてるのに報われない」がなくなるヒント

「気を遣っても感謝されない」の背景にあるもの

自己肯定感を下げている習慣

すぐ「すみません」と謝る

これを言ったら嫌われるのではないかと思って言えない。これを聞いたら相手は気分を害すのではないかと聞けない。周りに嫌われないようにするために、みんなの気持ちを汲まなければならない。言いたいことを言えない。そうした不満はどんどん蓄積していきます。

そのような我慢が報われるかというと、ほぼ報われることはありません。

相手に合わせ、我慢に我慢を重ねてきたのに、相手は期待通り動いてくれるわけではない。「こんなに努力しているのに」と、その落胆は大きなストレスとなって心をむしばむ。そして、何も残らない。

自分を犠牲にしても、他人はあなたから良くしてもらったとは感じない。あなたが自分を犠牲にして自分に尽くしてくれたとは思わない。

なぜなら、そもそも相手はあなたにそんなことを望んでいるわけではなく、あなたが勝手にやっていることなので、感謝のしようがないからです。

たとえば、あまり親しくない人から年賀状が来ても、「あの人から来てる」という程度で、「なんと礼儀正しい人だ!」とまでは思わないのではないでしょうか。

疎遠になっている取引先からお中元が届いても、もらったことに対しては「わあ、うれしい」と思ったとしても、送り主に恩義は感じないでしょう。

「わざわざお返しするのも面倒だな」「いちおう、お礼の電話を入れとくか」という義務感と形式的な受け答えで終わり、という場合が多いのではないでしょうか。

でも相手は、「あなたに対して礼を尽くした」と満足しているかもしれません。

それと同じように、**いくら自分を犠牲にして相手に尽くしたと思っても、他人は**

そうは受け取らず、結局自分が貧乏くじを引いただけになることも少なくないのです。

もちろん、全員がそのような反応をするわけではありませんが、自分を押さえつけてまで相手に気を遣いすぎる「自己肯定感が低い人」は、労多くして益少なしということになりやすいと言えます。

自己肯定感が低い人は、敵を作りたくない、誰とも対立したくない。だから不本意でも相手の要求を受け入れます。騒ぎが起こることを恐れ自分を犠牲にする。

とりあえず「すみません」と先に謝っておく。だから便利屋扱いされる。見下される。いいように使われる。それは精神的な奴隷と同じで、自分の人生を生きていないのと同義です。

本来はトラブルが起きた時こそ課題が見えるチャンスであり、これが人間関係なら相手との価値観の違いがわかるチャンスです。でもそれをしない、避けるということは、相手との関係を深めたり続けたりするために埋めるべき違いが何も見つからないということです。

自分を安売りして、ただで手伝う。意見がぶつかりそうなら、自分の意見を引っ込める。自分が折れることで解決しようとする。だからストレスが溜まる。

自己肯定感が低い人は、自分を出せない鬱憤、無理して相手に合わせる気苦労などが何十年も積み重なり、卑屈になりやすいのです。

生きることに疲れる、息苦しい、毎日がゆううつだ、たまに無気力になることがある、人生に行きづまり感を覚える、という人は、たいてい周囲から「いい人」と思われている人です。

よく、「都会の暮らしに疲れたので田舎に戻る」という話がありますが、それはたいてい自分の本音を出さずに無理をしているから。

背伸びをして疲れるというのも、自分をより大きく、有能に見せたいという無理をしているから。

そうやってかりそめの自分を作って人と接すれば、「誰も本当の自分をわかってくれない」という不満や空虚感が溜まります。しかし本当の自分を出して接していないのだから、他人にはわかりようがありません。

それで本人は「誰もわかってくれない」と感じて疲れる。自分の居場所がないという感覚になってくる。「いい人」であろうとすると、やがて人生が行きづまる危険性があるのです。

自己肯定感が上がる習慣

自由になるための生き方を追求する

私は「すごい人」のように言われることがありますが、実は人見知り、口ベタ、ネクラという三重苦を抱えています。人の世話が苦手で面倒見が悪いので、人を率いることもできません。

確かにこれらを改善できれば自分の世界はもっと広がるはず。会社も大きくなり、もっと儲かっていたかもしれない。

しかし自分の性格を無理に変えるのは苦痛だし、本当の自分ではないから、しんどくなる。

だから、**自分を変えずに自分の世界が広がる方法を探すことにしたのです。今の素のままで気楽に生きられる道を探してきました。**

私は人見知りなので、たとえば自分の知り合いが誰もいないパーティーには絶対に行かない。仕事以外では他人と二人きりで会わない。

人脈の広がりに限界があるかもしれないけど、無理して会っても疲れるだけで、本当の人脈にはならないだろうと割り切っています。

口ベタだから、個別相談のような対面での仕事は引き受けない。講演や企業研修も、自分が一方的にしゃべるものしか引き受けない。

違う形態の仕事を引き受ければもっと儲かるかもしれないけど、いやいややるより楽しいことをやる方が幸せを感じるからです。

お金より楽しさを優先した方が、自分の人生を生きていると感じるからです。ネクラだから、引きこもってできる仕事を選ぶ。それで今は、ネットビジネスと執筆・講演業に軸足を置いています。インターネットのおかげで、引きこもりでも生計を立てられる素晴らしい時代になったと痛感します。

他人の面倒が見られないから、人を雇って会社を大きくするのはあきらめ、一人でビジネスをする道を選びました。しかしやはりネットのおかげで、自前の組織を持たなくても、提携や外注で事業規模を大きくできます。

売上規模は縮小しましたが、余計な気苦労がない分、とても楽しい……という感じです。

自分の性格に正直に向き合い、そんな自分が快適に暮らせる方法を模索してきた結果です。

むろん全戦全勝ではなく、失敗の連続です。でもそれも気になりません。**学校のように「失敗してはいけない・間違ってはいけない」ではなく、「失敗してもそこから学べばいい」と考えれば、なんだって挑戦できます。**

「他人からこう思われたらどうしよう」ではなく、「自分が満足・納得することが大事」という発想です。

そう考えたら、怖いものがなくなりました（とはいえ警察や税務署など国家権力には逆らわないようにしています）。

自分は未熟。だから周りに迷惑をかけることもある。
でも他人だって未熟。だから他人にも寛容になればいい。

そう考えたら、いい意味で「赤の他人に無関心」になり、他人の目が気にならなくなりました（もちろん家族や取引先は他人ではありませんから、大切にしています。他人の目が気にならないといっても、公共のマナーに配慮しないということではありません）。

なぜ、モメてしまうのか

自己肯定感を下げている習慣

人とよくモメる

自己肯定感が低い人の中には、人間関係でのトラブルが多く、本人が自ら原因を作り出しているケースがあります。人づきあいが続かない人は、自分の言動をよくよく振り返ってみる必要があります。

たとえば、

・否定的な言い方、反抗的な答え方になっていないか
・相手の領域（プライベートなど聞かれたくないこと）に踏み込んでいないか
・すぐにアドバイスやダメ出しをしていないか

・相手を責めるような言い方をしていないか
・すぐに感情的に反応していないか

こうして文字にすれば、こういうタイプが嫌われるというのはわかりやすいと思います。

ただ、「あ、自分はそうかも！」と気づけるかというと、非常に難しいものがあります。というのも、こういう人は無意識に周囲に毒を吐いているため、自覚がないからです。

悪いとは思っておらず、むしろ良いことをしていると思い込んでいます。しかし実際はそうではないので、周囲から煙たがられて人が離れていっているのです。

ネクラで内向的な人が絶対にやってはいけないことは、他人の悪口や陰口、会社や上司への不平不満などを口にすることです。

仮に誰かの悪口の話になり、「そう思うよね？」「あなたはどう思ってるの？」

などと詰め寄られても、

「私はあまり接点がないからわからないんだけど、大変なのは伝わるなぁ」

と、同意ではなく、かわすようにすること。

会話が苦手で引っ込み思案な人ほど、ここは大切です。


「ネアカ」で「ポジティブ」なら、会話の中心になれるし、敵も作りません。

「ネアカ」で「ネガティブ」だとしても、周囲は単なる「ユーモアのあるツッコミ」「明るい毒舌」ということで笑い飛ばせることもあるでしょう。

しかしネクラでネガティブだと何ら好印象のところがなく、ほぼ間違いなく自分の居場所がなくなるか、同じようなネクラでネガティブな人を引き寄せることになります。

それは恐ろしい。

単にネクラで無口だというだけに収めておくことです。

「ムカついた」だけで生きている人

自己肯定感を下げている習慣

反射的に生きている

自己肯定感が低い人の特徴として、自分の内面との対話、つまり内省の習慣が少ないことが挙げられます。

そのため、過去の客観的な事実・事象と、そのときの感情の検証が不足し、いつも同じ場面で同じことを繰り返します。

ムカついた、などの感情だけで生きることにつながりやすく応用がききません。

たとえば車を運転していて他のドライバーの危険な行為にヒヤッとした時、「バカヤロー」だけで終わってしまう人と、「こういう運転をされるリスクがあるから次からは気を付けよう」というところまで自分の感情の先に教訓を持っている人によって、運転上の注意ポイントというデータベースのストック量に大きな差が出ます。

それは「こうすれば結果はこうなるはずだ」「こういう状況はこういう結果をもたらすだろう」という人生の予測力の差となります。

だから感情的になりやすい人は、迷いや悩みにぶつかると、思い付きや占いに頼ったります。しかし、思い付きや占いに従って行動しても、それは根拠もなければ自分で考えた判断でもないため、原因と結果が検証できず、経験のストックになりません。

そのため、毎月25日に銀行のATMに並ぶ。乗り換え時間や待ち時間を考慮しないため「5分遅れます」と言いながらいつも10分遅れる、ということになりがちです。

感情で生きるということは、目の前の出来事に反射的に生きるということで、行き当たりばったりの人生になりがちです。

もちろん感情を無視しろということではありませんが、そういう人は、「出来事→感情→行動」というパターンで生きています。

電車の駆け込み乗車がわかりやすいでしょう。

もしかするとケガをするかもしれないとか、発車が遅れて他の乗客や鉄道会社に迷惑をかけることになるかも、といったことを考えずに、ただドアが閉まりそうだからと無意識に身体が反応して駆け込む行為です。

リスクを考えず行動するということは、リスクに対して鈍感だということ。それはつまり、命を存続させる可能性が低いわけで、生物としての性能の低さを意味します。

だから自分の行動パターンの中に「出来事→感情→**思考**→行動」と、行動の前にいったん「思考」を挟み込む。つまり一度立ち止まって考えることです。

うつ、引きこもりになりやすい人の共通点

自己肯定感を下げている習慣

「なぜ自分ばかり傷つくのか」

自己肯定感が低い人は、周囲からいい人と思われようと無理をするあまり、こじらせて引きこもりやうつになりやすいと言えます。

彼らは今まで、さまざまな場面で他人との摩擦を避け、対立を避け、人間関係のトラブルを自力で解決するということから逃げてきました。

自分の本心を他人にぶつけ、議論し、喧嘩し、違いを理解し、わかり合っていくという経験が非常に乏しい。

そのため、人から嫌われたときに、どうしていいかわからない。

拒絶されたときに、どうしていいかわからない。
他人と対立したときに、どうしていいかわからない。

だから、バイト先でちょっと叱られただけで、自分の全人格を否定されたように感じ、ひどく傷つきます。その痛みを乗り越えてきた経験が少ないため、次の日から無断で仕事に穴を空け、引きこもります。

では、なぜ人はうつになったり引きこもりになったりするのか。

実はこういう人は、プライドと自己保身願望、そしてセルフイメージが非常に高いのです。

しかし現実はその高さと一致してくれない。他人から拒否されることもあれば、自分の言動が否定されることもあるなど、イメージしていた自分と現実の評価や扱いが異なる。

自分の思い通りにならない社会は何だ。なぜ自分ばかりこんなに傷つくのか。

本来は現実に直面しながら、周囲の評価と自分のセルフイメージをすり合わせ、修正し、自分を納得させ、それを受け入れていくものです。

しかし、誰とも会わず、誰とも会話しなければ、そうした場面に直面しなくても済みます。だから、傷つくことを恐れて外界との接触を断ち、引きこもったり、自分の世界に閉じこもったりします。

そして、このプライドの高さが社会復帰への大きな障害となります。彼らは何が何でも傷つきたくないからです。

無能に思われてはいけない、失敗してはいけない、なめられてはいけない、自分の主張が否定されてはいけない。

しかし社会で他人と関わって生きる以上は、自分の意見や主張が受け入れられないことはあります。ミスして叱責やクレームを受けることもある。比較され、敗北感を突き付けられることもある。

それを受け入れたり、受け流せる度量を身につけるには、その高すぎるプライドを捨てることです。

自己肯定感が上がる習慣

「ムダに高いプライド」を捨てられる方法

ではどうすれば捨てられるか。

なかなか難しいことではありますが、ひとつは自分をさらけ出してバカになること。

「自分はこう扱われる存在であるべき」というハードルを下げ、「自分はこんなもんですから」と、素の自分を出していくことです。

もうひとつは、少しずつ傷つくことに慣れていくこと。傷つくのが嫌だからとただ逃げていては、むきたてのゆで卵のように、外界からの刺激に弱いままです。だから筋肉を鍛えることと同じく、精神力を鍛えていくことです。身体を動かして筋線維が傷つき、それが修復されるときに筋肉が太く強くなると言われていますが、心も傷ついて立ち直る過程でより強くなる。

失恋も、そのときは、あの人がいなければ生きていけないとか、もう死にたいといった気持ちになりますが、時間の経過とともに記憶は薄れ、その苦しみも和らぎ、立ち直っていきます。

時間がすべてを解決するとはよく言ったもので、どんなに傷ついても、いずれ癒えるのですから、傷ついたことを思いつめないことです。

そして、自分の言動には必ず合理的な根拠を持とうとすることです。

感情で発言するから、否定されたら人格を否定されたがごとく腹が立ちます。

たとえば「そんなのおかしい!」と感情的になれば、「それはお前の方がおか

しいだろ」と否定されたら、ムクれるしかなくなります。

そうではなく、論理で話す。

「それはこういう理由で合理的ではないので、このようにしてはいかがでしょうか。そうすればこのようなメリットがあると思います」と、何を主張するときもつねに説得力のある理由を持つことです。

仮に否定されても、否定されたのはその理屈だけなので、自分の心は守られます。

自分の心が傷つかないようにするには、人格と言動を明確に区別すること。それには、感情ではなく論理で考え、論理で話すことです。

自己肯定感は「休み方」にも表れる

自己肯定感を下げている習慣

「休みたい」と言えない

また、自己肯定感が低い人に起こりやすい悲劇として、過労死も挙げられます。普通の人は、会社で心身ともにボロボロになりかけたら逃げ出すものです。金銭的な問題よりも、精神的なダメージの方がしんどいからです。

たとえ職場に迷惑をかけることになっても、自尊心が傷つき、自分が自分ではいられないことの方がつらいからです。

しかし自己肯定感が低い人は、自分を犠牲にしても他人に貢献しようとします。職場に迷惑をかけてはいけないと、自分の健康よりも仕事を優先させて、無理を重ねます。身体が悲鳴を上げていても、「休みます」が言えない。オーバーワークで体の具合がおかしいとわかっていても、自分が頑張らないといけないと思ってしまう。

これを指して「それは責任感が強いということだ」という意見もありますが、自己肯定感が低い人に「あなたに責任が取れるんでしょうね」と念押しすると、たいてい尻込みします。

実際、自己肯定感が低い人ほど自分が責任を負うことを避けたいと考えます。責任を取ることは、他人との摩擦になる恐れがあるからです。彼らは、自分に非難の矢が飛んでくるのは、なんとしても避けたいのです。

そのため、責任者といった立場も敬遠します。昇進をしたがらない若者が増えているという調査結果が報道されることもありますが、これも「傷つきたくない、だから責任ある立場になりたくない」という愛着障害気味の若者が増えてきたということなのかもしれません。

自己肯定感が低い人が休めないのは、責任感の強さからではなく、自己犠牲的な発想と、自分がいなければこの職場は立ち行かないはずだという自己有能感を得たいがためかもしれません。

自分が休んでも会社（部署）が普段通り回るのでは、自分の存在価値が揺らぎます。自分がいないとダメなんだ、自分は必要とされていて、欠かせない存在なんだと思いたい。だから休みたくない、休みたいと言えない。

自己肯定感が上がる習慣

逃げるか向き合うかの判断基準を持つ

苦しいときに逃げ出すか向き合うか。これは私個人の考えですが、向き合った方がいいのは、自分の「能力」の限界に立ち向かっていると判断できるときです。

スポーツにしろ仕事にしろ、ここを乗り越えればもっと成長できる、もっと自分の能力が上がる、もっとチャンスが増えると思える場面です。

しかし、自分の「自尊心」の限界に立ち向かっていると感じたときは、逃げ出した方がいいように感じます。

たとえば、自分で自分を支えられないという不安や、息苦しくて闇に向かって進んでいるような感覚を覚えたときは、思い切って逃げて環境を変えることです。

特に人間関係では、必ずしも本人だけが悪いわけではありません。もちろん、自分を変えなくてはいけない場面や、耐えなければならない場面もあるでしょう。しかし、価値観が全く合わない人に合わせようと自分を変える必要はないし、理不尽に耐える必要もありません。わかり合えない人、自分のことを理解してくれない人は必ずいます。

それを耐えたあとに、幸福な未来がやってくるのかどうか。そう思えないなら、距離を置くか放っておけばいい。無理にわかってもらおうとしても、労多くして益少なし。わかってくれる人とだけつきあえばいい、と割り切ることです。

繰り返しになりますが、自分が耐えるべき場面というのは、それが明るい未来につながるはずだ、と思える場面です。

たとえば野球部の練習がつらい。耐えると明るい未来につながるか。耐えて努力したその先に「甲子園」が待っているなら耐える価値があるかもしれない。逆にもし逃げれば、後悔が残るかもしれない。そう考えれば、ある程度のキツさは目標達成への必要な努力であるという納得感が得られるでしょう。

会社のパワハラ上司に毎日いびられてしんどい。これを耐えるのと辞めるのと、どちらが明るい未来につながるか。耐えたとしても成果は上司が持っていく。昇進も昇給も見込みが薄い。毎朝、会社に行くのがゆううつ。

であれば、そこから逃げて転職し、楽しく仕事ができるようになればその方が後悔もなく、むしろハッピーではないでしょうか。

好調が続く人と続かない人の違い

自己肯定感を下げている習慣

「その場しのぎ」を繰り返す

自己肯定感が低い人は、他人との摩擦やトラブルを回避したいという思いが強いため、根本的な解決よりも、その場さえしのげればいいという発想になりやすい傾向があります。**後先考えることなく、自分が折れて場を収めようとします。**

確かにその場は丸く収まるかもしれませんが、同じような場面に遭遇したら、再び自分が折れるだけ。何も解決しないまま、同じことを繰り返します。

これはたとえば来客があるとき、散らかった部屋を片付けるのではなく、荷物をとりあえず別の部屋に放り込むとか、シーツをかぶせて隠してその場を切り抜けようという発想に似ています。

こういう人は、じっくり何かに取り組んだり、未来を予測したりという、長期スパンで物事を考えるのが苦手で、行き当たりばったりの人生を送りやすいと言えます。前述の通り、他人とのトラブルからすぐに逃れたいため、どうすればこの場をしのげるか、という目先のことしか考えられないからです。

しかし短期で都合の良いことは、長期では不都合になることが少なくないものです。たとえば急激なダイエットは、深刻なリバウンドになりやすいことが指摘されています。一夜漬けで覚えた勉強は、すぐに忘れてしまうでしょう。

ビジネスでも、急激に拡大した企業は、組織内に様々な問題を抱え、業績下降局面でそれらの問題が噴出することがよくあります。急速に多店舗展開した企業は、閉店するときも急激です。

仕事のテクニックでも、すぐできるノウハウはすぐに陳腐化し使えなくなるものです。

もちろん、すべて短期集中が悪いわけではありません。例外もあるし、目的によってはそれが有効なやり方となる場合もあるでしょう。

しかし物事を成し遂げる力とは、様々な試練を乗り越え、それが経験となって知恵に転換され、より高次元のノウハウ・処世術として昇華して培われるもの。

それに対して短期間に収めた成功は、自分の中に確たる教訓や信念が蓄積されているわけではないため、再現性のある知恵に昇華しておらず、逆境に弱く、結局長続きしないのです。

つまり「自己肯定感が低い人」はその場しのぎの短期志向ゆえに、人生でも敗者となりやすいということです。

自己肯定感が上がる習慣

物事の根っこを押さえる

大切なことは、仮に時間がかかっても、原理原則を理解し、根本を押さえるということです。

たとえば投資の世界でも、「まず金利のメカニズムを理解しろ」と言われることがあります。金利が決まる仕組みがわかれば、株・債券・為替の動きがわかり、チャンスを捉えやすいからです。

あるいはウェブサイトのデザイン・制作の現場でも、「いきなりDW（ドリームウィーバー：有名なホームページ作成ソフト）を使うのではなく、まずHTML言語から勉強しろ」と言われることがあります。HTMLが理解できれば、ソースコードの意味がわかるため、細かなバグの修正ができたり、ソフトウエアが変わっても短時間で対応できるからです。

原理原則を理解すれば応用が利くようになる。根本を押さえれば、何が本当に重要か、物事の本質がわかるようになる。そうすれば、結果的には大きな成果となります。

資格や学歴にこだわる心理

自己肯定感を下げている習慣

「手に入れる」が目的化する

自己肯定感が低い人は、他人からいい人と思われたいという願望が強い傾向があるというのは、すでに述べた通りですが、それは自分の評価を自分ではなく他人にゆだねているということを意味します。

そのため、自分に自信を与えてくれる何かを欲します。

そのひとつが「所有すること」です。モノがあるという安心感、モノを持つことができる自分に満足感を覚えるからです。

これは自己投資の分野でも同じです。自信がないから評価されたい。だから評価されるに値する、目に見える何らかの称号を所有することで安心を得ようとします。

その典型例が資格や学歴です。

資格や学歴は一定の知識や学力が認定されたものであり、公的なお墨付きがある、誰にでもわかりやすい称号です。

だから自分に自信がない人は、こうした形のあるものを欲しがります。

しかし資格や学歴を気にする人は、努力がなかなか報われにくい傾向があります。

なぜなら、そもそも「所有」することが目的なので、その資格や学歴をどう使えば稼げるかとか、どう活用すれば自分の世界が広がるかという意識が希薄だから、あるいは最初から考えたこともないからです。

本来は手段であるはずの資格や進学が、目的になってしまっているのです。

彼らにとって重要なのは、その称号を得ることです。それで自分はがんばったという自信になり、資格や学歴を得れば自分の人生が変わると思っています。

しかし現実はそうではないことは、言うまでもないでしょう。

学生時代や若いころにもらった表彰状、カップ・トロフィー・メダルなどを、何十年経っても部屋に飾っているような人も、自分を支えてくれる大切な自信の根拠として手許に置いておきたいという、いわゆる過去の栄光にすがるタイプであり、現状に納得できていない可能性があります。

自己肯定感が上がる習慣

「お金を稼ぐ」とはどういうことか

「お金を稼ぐ」とはどういうことかというと、当たり前ですが、「顧客がいる」「顧客の問題を解決する」「顧客に感謝される」ことと同義です。

高学歴でも有資格者でも、顧客がいなければお金はもらえません。顧客の問題を解決しなければお金はもらえません。顧客に感謝されなければ次はないし、クレームになるでしょう。

だからもし、脈絡もなくたくさん資格を持っているとしたら、資格貧乏まっしぐらの危険があります。

どの世界でも、稼いでいる人は、顧客の喜びが大きいか、喜んでくれる顧客が多い仕事（アウトプット）をしています。

マンガでも音楽でも同じです。

だから報われる努力の方向性とは「そこにお金を払ってくれる顧客がいること」「顧客が困っていることを解決すること」「顧客の希望や願望を叶えてあげること」「顧客が喜んでくれること」であり、「それができる自分」になることなのです。

3章

無意識にやっていた「残念な言動」が今日から変わる！

自己肯定感を下げている習慣

ベースに被害者意識があると……

他人や社会を恨む

「自己肯定感が低い人」ほど、他人や社会に対する不信感を持ち、恨むようになることがあります。そこには２つの理由があります。

ひとつは、自分の問題を自分で解決しようという姿勢が希薄なため、被害者意識が強くなっていくからです。

さらに被害者意識と他責志向はセットとなり、自分の不幸の原因は、親や家庭、会社や社会など、他人や自分を取り巻く環境にあると捉えるようになります。

そのため、何かあれば相手が悪い、会社が悪い、制度が悪い、政府が悪い、社会が悪いと他人のせいにします。

もうひとつは、自己肯定感が低い人は自分を抑えて我慢する傾向が強いのですが、前述の通り、その我慢が報われる見込みはほとんどないからです。

これも繰り返しになりますが、本人がどれだけ自分を抑えても、周囲はその人が我慢しているということには気が付きません。

いくら「自分は我慢して皆に合わせているのに」と思っても、他人は「我慢してくれてありがとう」とは思ってくれません。我慢した先に何か見返りがあるかもしれないと思っても、実際には何もないのです。

周囲から好かれようと無理しても、みな自分のことに精一杯で、その人の無理には関心がない。我慢に我慢を続けて苦しくなったとしても、誰も助けてくれない。

すると逆に、恨みが募ってくるわけです。「こんなにしてあげたのに！」という思いが強まり、周囲に対して不信感を持つようになります。

無差別殺人といった突発的な事件を起こすのも、普段は人畜無害の自己肯定感が低い人だったりします。そしてそうした報道を見ると、多くは幼少期の家庭環境に問題があったことがわかります。

殺人まではいかなくても、自分の親を恨む人は少なくありません。自分がこのような境遇になったのは親のせいだ。こんな性格になったのは親のせいだ、というわけです。

確かにその指摘は当たっていることがほとんどですが、本来はそれを言ってもどうしようもない。親はたいてい、自分よりも先にこの世を去るわけで、あとは自己責任で生きていかなければならない。

それに大人になれば、人づきあいも住む場所も働くところも、そして生き方も、自由に選べるはずです。

しかし現実には、いつまでも親の呪縛から逃れられない人の方が多いなという印象です。

こういう人の場合、本人の親自身も自己肯定感が低く、精神が未熟です。「こんなにしてあげたのに」「そんな子に育てたつもりはない」という思いを持ち、自分の期待とは異なる子の言動にイライラしたり落胆したりします。

子は確かに親の影響を受けますが、人格はまったくの別物です。なのにそれを尊重できない。

同時に、親の死後は子が自分の力で生きていかなければならないわけで、親が子の人生の保証をすることはできません。保証もできないのに親の価値観を子に押し付けるのはむしろ無責任な行為なのに、それに気が付かない。

「親の言う通りに生きなさい」と言っていいのは、子がこの世を去るまで自分が責任を取れるという、超人的な能力と寿命を持った親のみではないでしょうか。

親の自己肯定感が低ければ、子も「自己肯定感が低い人」となり、不幸の連鎖が続く危険性が、心理学や精神医学の分野で指摘されています。

結局、この連鎖を断ち切れるのは自分だけです。自分自身が親から自立する。

自分が自分の子の個性や生き方を尊重する。子から相談されたときは、助言やサポートの手を差し伸べたとしても、自分から「良かれ」と思って先回りしたり余計な手出しはしないことです。

そしてこの瞬間、自分こそが、自分の家系のエースとなり、中興の祖となるのです。負の連鎖を自分の代で断ち切る。自分の親にできなかったことを自分が成し遂げる。それこそが家系の発展と言えるのではないでしょうか。

自己肯定感が上がる習慣

「してあげる」をやめる

自己肯定感が低い人の不満は「あんなにしてあげたのに」「私はこんなに我慢しているのに」「こんなに尽くしているのに」という方向へと向かいやすいというのは前述の通りですが、その結果、**相手には何の悪意もなくても、自分は嫌われていると思い込みがちです。**

そして相手に確認すらせず勝手に不満を募らせ、自分の方からプイッと離れていくのです。

相手からすれば、何が起こったのかまるでわかりません。たとえばメールを送っても返事がないし、誘っても断ってくるし、あいさつしてもよそよそしいのですから。やがて相手もあきらめ、関係が途絶します。

こうして自己肯定感が低い人は、自分の一方的な思い込みによって、人間関係を切り捨てる傾向があります。

こうした負のスパイラルを防ぐには、「してあげる」などという恩着せがましい発想をやめ、「自分がしたいからする」という動機付けへと変えることです。

相手だって、必ずしも「してもらった」と感じてくれるとは限らないのに、「してあげる」「してあげた」と恩を売る気持ちを持っているから、それが自分の望むような形で返ってこないと腹が立つわけです。

だから、「自分から〇〇してあげた」「面倒を見てあげた」「教えてあげた」「片付けてあげた」「動いてあげた」「買ってあげた」「妥協してあげた」「折れてあげた」「我慢してあげた」「協力してあげた」という発想をやめる。

そして、「自分がやりたいから勝手にやっただけ」「自分のためにやっているだけ」と、自分が満足するかどうかを軸に行動する。

そうすれば、相手が何も返してくれないからといって不満を感じる場面は減るでしょう。

それを「不公平だ」と思うのなら、やはり相手にしっかり伝えることです。

「今日は私がやっておくから、次回はよろしくね」「これは私がやるから、あれをお願いね」「これは私が折れるから、あなたはこの条件を飲んでね」という具合に。

ウソや言い訳が多い人の心の中

自己肯定感を下げている習慣

平気でウソをつく

自己肯定感が低い人は、周囲から嫌われたくないあまり、自己保身の感情が強く働きます。

また、バカにされたくない、無能だと思われたくないという感情も強いため、自分の間違いを認めるとプライドがひどく傷つきます。

そのため、自分に非があることを認めたがらない傾向があります。

また、虚勢を張りたがり、自慢話や盛った会話が多い傾向もあります。

こういう人は、自分の主張や行動で何かを指摘されると、ことごとく言い訳をします。原因や責任を他に転嫁し、論点をすり替え、絶対に自分のせいではないと言い張るのです。
仮に言い訳できない非難・批判を受けると逆ギレしてうやむやにします。それぐらい徹底的に「自分は悪くない」状態にしておきたいのです。

さらに、平気でウソをつく人も少なくありません。本人にはそれがいいとか悪いとかという感覚はなく、自分を守るためならウソなど平気です。私もそんな人に出会った経験があるのですが、息をするようにウソをつく習慣ができている人もいます。

たまに話題になる学歴詐称問題も、おそらく自己肯定感が低いからなのでしょう。プライドが高く、自分の評価を下げたくない、立派で有能な人物だと思われたいために、経歴、実績、知識など、自分が持っていないものを偽り、誇大に見せようとします。
彼らもまた、そのときはそれが悪いことだとは思っておらず、さも当然かのように振る舞います。そして事実が公表され問題になって初めて、自分がウソをついていたことを認識します。

自己肯定感が低い人は、他人からの評価を非常に気にするのですが、プライドは高いので、自分が小物扱いされることを極端に恐れます。

飲食店などでたまに店員にキレるおじさんがいますが、自分がバカにされた（ように本人は受け止めている）ことに腹を立てているのです。

自分が見下されると腹が立つという人は、他人を見下したいという感情の裏返しなので、彼らは自分が優越感を得るために、自慢話やマウンティングなど、他人を見下す発言が多い傾向があります。

そもそも他人を見下す発想がない人は、そもそも自分が見下されるかどうかということは考えません。

しかし、家や車などの自慢、自分の配偶者の勤務先や子どもの進学先の自慢、旅行先や子どものベビーカーのブランドなどなど、うっとうしくマウントしてくるような人は、現実世界で満足感や承認欲求が満たされていないのです。

彼らにとっては、それが自分の価値を確認するための唯一の方法で、そうしなければ自尊心が保てないのです。

あるいはついつい他人と自分を比較しては、「自分はダメだ」と自己嫌悪スパイラルに陥ってしまう人もいます。

他にも、電車の中で混んでいるのに頑として動かない人とか、車間距離を詰めて車線変更の割り込みを許さない人もいます。

おそらくこういう人も自己肯定感が低く、他人に譲ると自分が敗北したように感じるのでしょう。

こうした人たちの共通点は、他人の成功を素直に喜べず、他人の幸せに嫉妬する点です。たとえば同僚の昇進や結婚の報告を聞いて焦ったり、友人の子どもが有名私立校の受験に受かったと聞くと心がざわつきます。

自己肯定感が低い人の多くは、ひがみっぽいという側面を持っているのです。

自己肯定感が上がる習慣

マイワールドを持つ

こうした状況から抜け出すには、「他人との比較をやめる」ことですが、それには夢中になれる対象を見つけることです。

自分がハマれる何かを持っている人は、他人のことをあまり気にしないし、他人からの視線もあまり気にしません。それに夢中だから、他のことにかまっているヒマなんてないからです。

たとえば、オタクにうつはいません。

オタクはネクラで寂しいというイメージがあるかもしれませんが、彼らは実はとても満足した生き方をしています。それは、「自分の世界に没頭する」「時間を忘れて熱中する」という幸せです。

「早く家に帰ってやりたい」「早くこの時間が来てほしい」と思えるものを持つことは、自分の本心からの欲求であり、自分らしく生きるきっかけになります。

なぜなら、それこそが偽りのない感情で行動する原動力だからです。

また、自分の世界を持つことは、恋愛市場などでも有効に作用します。自分が夢中になっている世界を持っている人は、個性や人間的な深みが出るからです。

しかし、自己肯定感が低い人は、没頭できるものを持っておらず、主張を抑えます。そうやって個性を隠すから、深みや色気が感じられない。

もっと話したい、もっと聞かせて、という奥行がなく、面白みに欠ける。「いい人なんですけどね……」となるゆえんです。

本来、「自分はこう思う」というのが個性であり、その個性に異性は惹かれます。

「実はこういうのに夢中になっていてね」「こういうのが重要なポイントなんだ」「そこで自分はここを工夫して上達してるんだ」などという、相手にはわからない未知の世界を語ることは、個性の表出にほかなりません。

普通の会社員であっても、就業後や休日に独自の活動をしていると、それは興味や共感や尊敬につながります。

これがアニメとかフィギュアだと「キモい」と言われがちですが、現実逃避的な世界ではなく、自分の好奇心が刺激され、ワクワクする世界という意味です。

クルマでも楽器でも料理でもキャンプでもいい。今の生活パターンに、「ワクワクすること」を組み込んでいく。

それは自分の生活パターンを変え、表情を変え、言葉を変え、にじみ出てくるようになります。それが異性にとって「この人は、私の知らない世界を持っている」という魅力に変わるのです。

「本当はイヤなのにつきあう」の行く末

自己肯定感を下げている習慣

グループを抜けられず、つらくなる

自己肯定感が低い人は、集団の中でしか自分の存在価値を認識できないため、一人では不安です。そのため、自分とは違う感性のグループであっても、なんとかして所属しようとします。

たとえば、合わないなと感じているママ友グループを抜け出したくても、孤立が怖くて抜けられない。ボスママの言いなりになったり、機嫌を損ねないよう発言に気を遣ったり、行きたくないお茶会にも行かざるを得ないという状況に陥っている人もいます。

そうやって嫌われないよう周りに合わせて、その集団に所属することで「孤立していない」という安心感を得ているのです。

もちろん誰にでも所属欲求はあるものです。特に自我の発達途上にある中高生ぐらいまでは、学校が自分の世界のすべてですから、友達グループから外れることをひどく恐れます。

しかし成長するにつれ、自己内省ができるようになり、一人の時間を充実したものにできるようになります。

内省の進化は自分の感情を的確に理解し消化できますから、仮に友達がいなくても、グループに所属しなくても寂しさを感じず、孤独でも不安になったりすることはありません。

しかし大人になってもグループでつるみ、仲間はずれを極度に恐れるとしたら、それは自己の確立が遅れているということです。

そういう人は、一人でいるとむなしくなり、どこかの集団に所属しないと不安になります。そして一緒にしゃべったり騒いだりして、皆の中にいる自分、自分の居場所がここにあるということを、時間と空間を共有することで確認しようとします。

しかしそれが自分を抑えつけての行為であれば、表面的なかりそめの人間関係であり、疲労が蓄積することになります。

自己肯定感が上がる習慣

そのグループを抜けて困ることは何か？

もしそのグループが息苦しいと感じるなら、素の自分を出せていないということです。

本音の自分でつきあっていないからひどく疲れるし、自分の感性と合っていない集団だからモヤモヤさせられるのです。

では抜ければいいという単純な話でもなく、抜けられない人は、嫌われたり孤独になったり、「あの人はいつも一人で寂しい人なんじゃないか」と思われるのが怖いのです。

こういう場合、もし嫌われてそのグループから排除されたら、いったい何がどう困るのかを、具体的に突きつめてみることです。

たとえば何かヒソヒソ噂される？　見下される？　そんなのは無視すればいいだけで実害はありません。無視されたら無視で返せばいいし。

もし自分の子どもが、そのママ友たちの子どもが遊んでくれないという嫌がらせに遭ったら？　他の子を探すように助言してみるとか、あるいは学校が終わったら習い事など、違う世界の友達に触れさせることもできるでしょう。

これはママ友グループに限らず、自治会でも何でも、抜けても困ることなんて実は起こらないものです（ただし地方では、自治体を抜けると共同のゴミ収集所を使わせてくれないなど、品のない嫌がらせがあるそうです）。

子供は世界が狭いため無視されるのは何よりつらいことですが、大人の場合は「どうでもいい人には無視される方がむしろ助かる」のではないでしょうか。

確かに頭にくる場面もあるかもしれませんが、そもそも自分の収入アップにも成功にも幸福にも何ら役立つことはないのですから、そんな人のために気をもむなど、人生の無駄遣いです。

無視するか、関わらないようにするだけです。

そうはいっても、いつも一人じゃさすがに寂しいという場合は、同じく一人の人は必ずいますから、ちょっと声をかけるなどしてみるといいでしょう。

その勇気がなくて、仮にランチを一人で食べることになっても、スマホをいじりながらとか、マンガを読みながら食べればいい。イベントやパーティーで一人ポツン状態になったら、食事の時間だと割り切って飲み食いに励むとか。

特に今はスマホという便利な道具があるので、一人ぼっちでも有益な時間に変えることができます。

溜まった不満が爆発するとき

自己肯定感を下げている習慣

キレやすくなる

自己肯定感が低い人は、争いを恐れて相手に不満を伝えることを恐れますが、それでは疲れるし、不満は解消されるどころか蓄積していくだけです。

蓄積させて何かのきっかけでプチンと糸が切れて爆発させると、相手をののしる言葉になりかねません。その爆発が人間関係を破壊させる可能性もあります。

相手はなぜあなたが怒っているのか理解できていないのに、いきなりまくし立てられたら頭にきて、あなたの言うことを受け入れる余裕も失うでしょう。

たとえば「生意気だ」「愚かだ」などと相手を侮蔑する言葉。相手のことを

「お前は生意気だ」と言ったところで、相手はどうしようもない。何がどう生意気で、何をどうすれば生意気でなくなるのか、相手にはそのレベル感を測りようがない。まったく問題解決にならないわけです。

そのためにも、不満を感じたら溜め込まないで、その場で伝えることです。小さな不満も、我慢するのがよくないことで、感じたときに正直に伝えることです。怒りが蓄積する前ならまだ心に余裕がありますから、たとえば自分は相手のこういうところが不満だ、なぜならこういう理由だ。それはお互いの関係にとって良くないことだから、こうしてもらえるとうれしい、など優しい言葉で表現することもできるはずです。

自己肯定感が上がる習慣

感情を抑え論理で伝える

当然ながら、両方に言い分はあるでしょう。

怒りや不満とは感情の産物なので、どっちが正しくどっちが間違い、あるいはどっちが良くてどっちが悪いということではなく、解釈や感じ方の違いにすぎません。それをキーッと感情的になるから余計なトラブルになるわけです。感情ではなく、論理的に伝えるのです。

相手の態度が気に入らないから文句を言う、不満だから相手の言動を責める、ということではなく、自分が傷ついていること、不満に感じていることを伝えるようにする。

そして、相手の感情に配慮して納得してもらえるように話すことが大切です。たとえば、「そのような言動に、私はひどく傷つくんです。だからこのようにしてもらえると助かります」といったニュアンスです。

特に大事な関係、たとえば恋人や夫婦、家族や親友などとは、仮に荒い言葉遣いになってケンカに至ったとしても、お互いの感情を共有し、好き嫌いや価値観の違いを共有し、それを乗り越えることで関係が深まるものです。

[redacted]

悩みの9割には意味がない

自己肯定感を下げている習慣

クヨクヨ悩む

自己肯定感が低い人は、クヨクヨ悩みやすい傾向があります。

しかし悩みのほとんどは、

①まだ起こっていないことを悲観する
②変えることのできない過去を悔やむ
③悩んでもどうしようもないことで消耗する
④根拠のない思い込みに悩まされる
⑤どれを選ぶべきか迷う

といったことであり、実はあまり生産性がない行為です。

自己肯定感が上がる習慣

悩む必要がなくなる考え方

それぞれ簡単に見ていきましょう。

①「まだ起こっていないことを悲観する」は、たとえば「受験に失敗したらどうしよう」「来週のプレゼンはうまくいくだろうか」「取引先に契約を打ち切られて、明日は部長に怒られそうだ」などがあります。

しかし未来がどうなるかは実際に起こってみなければわからないし、いろいろ対策もできるはず。

むしろ、現実問題としては対策を打つしかないわけです。

受験が不安なら勉強するしかないし、プレゼンが不安なら練習するしかない。

契約を打ち切られた合理的な理由があれば説明するとか、代わりの営業先候補を提案すれば部長には怒られないかもしれません。

そもそも怒るかどうかは部長の問題であり、自分にはどうしようもありません。

②「変えることのできない過去を悔やむ」は、たとえば「転職するんじゃなかった」「この人と結婚するんじゃなかった」「挑戦しておけばよかった」「やめておけばよかった」などです。

しかし悔やんだとしても過去は変えることはできず、それを前提として現在に取り組み未来を変えるしかありません。

それに、**未来を変えれば過去の意味すら変わります。**

どんなに暗くみじめな過去があったとしても、あるいは失敗や挫折があったとしても、将来成功すれば「あのときの経験があったから今がある」とポジティブな意味づけになるものです。

③「悩んでもどうしようもないことで消耗する」は、たとえば「自分はなぜ生まれてきたのか」といったことでしょう。

これも、ただ親の生殖行為によって生まれて、そこに自分という自我が宿っただけで、とくに理由などはありません。

そこに理由を求めるのは、何をしていいかわからない自分のイライラです。夢中になれるものがない不完全燃焼感による焦りです。

生きている意味とか、人生の意味などというものは、最初から定義づけられているのではなく、自分で作って意味づけしていくものです。

つまり行動していなければ悩んでも結論など出るはずがないので、意味がない行為というわけです。

あるいは**「このままだとお金が足りなくなる」**といったものもあります。

なぜ悩んでもどうしようもないかというと、本当にお金が足りない可能性があったとしても、悩んだところでお金が降ってくるわけではないからです。結局は資金調達に向けて行動するしかなく、それでどうしても足りないなら、起こりうる事態を想定し、備えることです。

たとえば自己破産や生活保護といった救済制度があります。

「それだけは絶対に避けたい」と言う人がいますが、命まで奪われるわけではないし、誰でも申請できる国民の権利のはずなのに、なぜ嫌がるのか。

単に本人の見栄とプライドの問題でしょう。

悩みは対策と行動によってしか解消できないのですから、そういうマインドを捨てることです。

⑤「根拠のない思い込みに悩まされる」は、たとえば「人にこう思われるんじゃないか」といった、実際はそうではないかもしれないのに、過剰に他人の目を気

にすることが挙げられます。

「背が低い」「太っている」「髪が薄い」といった外見で悩むのも、結局は他人の目を意識しすぎているからです。

あるいは、**「心細い」「肩身が狭い」「閉塞感がある」というのも、自分が勝手につくり出した感覚にすぎません。**

本当は誰もそんなこと、言っていないのに。

それらは自分の勝手な幻想であると気付くことです。

⑥「どれを選ぶべきか迷う」のは、自分の判断軸がしっかり育っていないからで、それぞれのメリット・デメリットや特徴を抽出しウエイト付けすれば、決断そのものはそう難しいことではないはずです。

成熟した大人になればなるほど、わからない未来にクヨクヨしないし、変えられない過去にもクヨクヨしません。

課題を見つけて合理的な解決方法を探して行動するわけですから、悩む必要がなくなるものです。

悩みがあったら、それを具体的に掘り起こし、今日からできる「To Doリスト」に分解し、一つひとつ対策を打って解消させていくことです。

そしてそれらをすべて消し込んでしまえば、出てくる結論は「悩みがなくなる」ではないでしょうか。

4章

仕事がうまくいく「穏やかな肯定感」の育て方

評価される人とされにくい人を分けるもの

自己肯定感を下げている習慣

会社で評価されにくい2つの理由

「自己肯定感が低い人」が会社で認められにくい理由は、２つあります。

ひとつはこれまでも述べた通り、**周囲に配慮するあまり、自分の独自性あるアイデアや主張をしないためです。**

それでは「勤務態度はまじめ」という評価は得られても、部門や会社の利益に貢献しているという評価は得られません。

また、言われたことを愚直にこなす従順な部下は、上司からは扱いやすい反面、自ら手を挙げて業務を推進していく積極性が感じられないため、昇進や昇格の審査に上げる対象に入りにくいのです。

もうひとつは、責任感が強く、仕事を一人で抱え込んでしまう傾向があることです。

「人にお願いするのは申し訳ない」「迷惑がられないだろうか」「他人に任せたら仕上がりが不安」「自分が責任を持ってやらないといけないのでは」と考え、なんでもかんでも自分で抱え込むことになりがちです。

そのため、納期に間に合わなかったりトラブル報告が遅れたりして、「なんでもっと早く言わなかったんだ」ということになってしまいます。

一人で抱え込む人は、「自分の努力が足りない」と自己否定する傾向があります。

また、目の前の仕事をこなすことで精一杯で、周りが見えなくなってしまうこともあります。

周囲の動きだけでなく、自分が置かれた状況も把握する余裕がなくなると、「しんどい」「つらい」「疲れた」という現象は感じても、どうすればいいかに思考が及びません。

一方で「自分はこんなに努力している」という自尊心は人一倍あるため、評価してくれない上司や会社に対する不満が強くなります。

彼らが持っている責任感は自己犠牲精神から来るものなので、プラスに働けばもちろん良いのですが、無理をして体調を崩したり精神を病んだりしてしまうケースもあります。

自己肯定感が上がる習慣

一人で抱え込まない勇気を持つ

そこで「役割交代思考」を発動させてみましょう。もし自分が相手の立場だとしたらどう思うか、という思考法です。

もし自分が上司なら、仕事を一人で抱え込む人を評価するか。

一般的に会社とは、チームや組織で力を発揮するものです。

「この人が抜けたら仕事が回らない」というのは会社にとってリスクですし、得手不得手は個々人によって異なります。

だから評価される人は、そのチームや組織の特性を理解し、自分にしかできないこと、自分がやってこそ付加価値が出ることに注力するものです。

また、自己肯定感が低い人は、他人からの依頼を断ることができません。

「断ったら相手の気分を害するかも」「断ったら嫌われるかも」「断ったらもう二度と声がかからないかも」という恐怖を感じるからです。

しかしこういう人には、誰でもできる仕事や雑務が回ってきやすいと言えます。

なぜなら、雑務をお願いするのはどんな人でも心苦しいわけですが、いつも「いいですよ」と気軽に引き受けてくれる人には頼みやすいからです。

そのため、自分の仕事以外にも他人の雑務をやらされることになり、余計にアップアップします。そうやって自分は忙しく働いていると思っても、それは雑務ですから、いくらやっても評価されにくいのです。

本来であれば、仕事の内容や分量も、上司と相談しながらコントロールする必要があるし、自分ではなく別の誰かに協力を仰いだ方が、より生産性が上がるとか成果が大きいと判断すれば、そのように分担する必要があるはずです。

ただし、まだ経験が浅いうちは、雑務もすべて引き受け、「頼みやすい人」を演出する必要があります。そういう元気で積極的な若手を見て、周囲は「やる気のあるヤツ」「ガッツのある新人だ」と評価するからです。

ズルい人に利用されないポイント

自己肯定感を下げている習慣

リストラの対象にされやすい

自己肯定感が低い人は、誰も行きたがらない支店や営業所に異動させられたり、リストラの対象にされやすいと言えます。反論などの抵抗をしてこないし、説得しやすいからです。

あるいは、誰かの失敗や不祥事などの責任を取らされるスケープゴートにされやすい側面も持っています。

なぜなら彼らは、自分の意に沿わないことでも反対したり断ったりすることができないため、言いなりにしやすいからです。

そこまで大げさでなくても、体育会系の先輩と後輩が社内でも兄貴と子分といった関係になっていたり、ママ友グループでも女王様と下僕といったカースト関係になるケースはあります。

特に、上から目線で横柄な人は、常に自分が主導権を握り、支配したいという欲求を持っていて、自分が自由に動かせる手駒を常に探しています。

そして自己肯定感が低い人は、こういう人につかまって隷属的関係に陥りやすいのです。

自己肯定感が上がる習慣

あえて面倒くさい人を演じる

こうした支配欲が強いズルい人間に対抗するには、できる限り早い段階で抵抗する姿勢を示し、「面倒くさい人」「支配しにくい人」という印象を与えておくことです。それには、繰り返しになりますが、「理論立てて話す」を心がけることです。

たとえば上司も、「あいつにこの話をすれば、しつこく理由を聞いてくるし、小うるさい反論をされて面倒くさい。だからあいつはやめて別の人にしよう」という感情が働きます。

なので、もし自分の先輩や上司が「雑務や思い付きの仕事を押し付ける」ようなズルい人間だとしたら、つねに反論する「面倒くさい後輩」になった方がストレスが溜まらないでしょう（ただし、まともな先輩や上司にこの態度を取ると逆効果ですから要注意）。

ママ友グループの女王様も「この人はいちいち理由をつけて私の言うことを聞かない、おもしろくない人」と思い、あなたをグループから外すか、別の子分候補を探すようになるでしょう。

つまり「自分は簡単に他人の言いなりになる人間ではない」と表明することが重要で、何か理不尽な指図をされたときは、必ずいちいち理由やその必要性を尋ねるようにするのです。

「しゃべり上手」でなくても会話ははずむ

自己肯定感を下げている習慣

盛り上がらないと自分を責める

自己肯定感が低い人には、初対面の人と話すのが苦手という人も少なくないと思います。

会話の間が持たず、沈黙した空気が流れるのが気まずいからです。

ではなぜ沈黙が気まずいと感じるかというと、沈黙によって「話題のないつまらない人間だと思われるのではないか」という恐怖心があるからです。

むろん誰でもこの感情は持っているので、自己肯定感が低いことが特別に作用するということではありません。

しかし、沈黙を過剰に恐れると、「そ、そういえばご趣味は何を?」などと、その場とはまったく関係のない話を持ちかけて余計にしらけたり、「結婚はまだ?」など、つまらない爆弾発言をして地雷を踏んだりということにもなりかねません。

また、焦っていることは相手にも伝わり、「この人、焦ってる。余裕のない人だな」と映る可能性があるし、相手にも「この人、気まずいと思っている。自分も何か話題を振らなきゃ」というプレッシャーを与えてしまうなど、あまりいいことはありません。

そこでまずは発想を変え、**「沈黙は悪いことではない」**という認識を持つことです。

そもそも言葉は何かを伝えるための手段であり、間を埋めるためのものではありません。

相手もまた、特に話題もないから黙っているわけです。あるいは特に話したくないだけかもしれません。何か考え事や心配事があり、話す気分ではないのかもしれないのです。

たとえばエレベーターの中で、自分の会社の社長と二人きりになった。それで沈黙して気まずいと感じたとしても、相手が黙っているのなら、本人が話したくない、話したいことがない、別の考え事があるということかもしれません。

なのに自分の一方的な思い込みによって強制的に会話に引き込むのは、相手にとってはむしろ迷惑になる可能性もあります。

そこで、もし沈黙して焦ってしまっても、ひとまず「相手にも話す話題がないか、話す必要がないから沈黙しているんだ、だから自分も黙っていていいんだ」と言い聞かせ、いったん相手から目をそらして窓の外を見たりして、リラックスを心がけることです。

沈黙しても、それをリラックスして過ごせるなら「沈黙は気まずい」ではなく、「静寂な空間」となるし、その余裕があれば相手の方から突然会話を振ってきても、普通に返せるでしょう。

どうでもいい言葉を垂れ流してまで間を持たせる必要はない、と捉えることです。

もうひとつは、沈黙は何も自分だけのせいではなく、相手のせいでもあると認識することです。

なぜなら、**相手が話題豊富で社交的なら沈黙になるはずはなく、つまり相手も雑談下手だから沈黙するわけで、それは相手の問題でもあります。**

話したいことがあるなら、向こうから話しかけてくるものです。むしろ焦ってくだらないことを言って失点リスクを負うよりはましなので、いちいち焦らないことです。

自己肯定感が上がる習慣

盛り上がる会話は「共感」「あるある」

沈黙ではないけれど、会話が盛り上がらないということもあります。これも同じく自分だけのせいではなく、相手のせいでもあります。

自分の会話が面白くないのと同じくらい、相手の話も面白くないから盛り上がらないわけで、自分を責める必要はありません。

会話が盛り上がらない大きな理由は、「共通の話題がない」「共感できるポイントがない」ことでしょう。

ということは、共通の話題を探し、共感できるポイントを提供すればいいとわかります。

そこで簡単な方法があります。

たとえば初対面で名刺交換をしたときのコツとしては、相手の名前と住所をよく見ることです。

そこでもし名前が珍しければ、「珍しいお名前ですね、どちらのご出身ですか」という話を振ることができますし、相手の会社の住所に土地勘があれば「実は私も○○駅の近くに住んでいたことがあるんですよ」などと共感を表明することもできます。

これは私自身よく使いますし、そもそも私は「午堂」というかなり珍しい苗字なので、相手からもよく聞かれます。

私の場合は、「私も珍しい苗字なのですが、あなたの苗字も珍しいですよね」と振れば、「そうなんですよ」と共感から会話を広げていくことができます。

あるいは、自分の名刺にも相手から質問しやすい（ツッコミを入れやすい）情報を入れておくという方法も考えられるでしょう。

たとえば出身地、趣味、家族構成などなど、相手から話しかけられるフックを名刺に記載しておくのは、自営業者がよくやる方法です。

もうひとつは、訪問先に向かう途中の景色をよく観察することです。たとえば最寄り駅の周辺の状況から相手先に至るまでの景色、訪問先のビルの外観などをよく見て、到着してからもオフィスの内装や調度品を観察するのです。

すると、「初めて来ましたが、駅前はとてもにぎやかですね」「立ち飲み屋がいっぱいで、帰り道にちょっとひっかけるのによさそうですね」「オフィスのデザイン素敵ですね」など、相手と共有できる話題に引き込むことができます。

2回目以降に会う人には、どのような共通の話題、共感ポイントを提供すればいいでしょうか。

ポイントは**「相手のことを事前によく調べておくこと」**です。といってもあくまで話題を提供すればよいので、最も簡単なのが相手の業界ニュースについて質問することです。

「そういえば今朝このようなニュースを新聞で読んだのですが、何か影響はありますか?」と聞けば、「いや、それほどでもないですよ」とか「それが、いろいろ面倒になってきてましてね……」などと反応が返ってきますから、こちらは「へえ、そうなんですか」「それは大変ですね」と、あいづちを打てばいいだけです。

ここに会話のうまさは必要ない、ということがおわかりいただけると思います。

相手に子どもがいるという情報を知っていれば（あるいは会話の中で出てくれば）、「お子さんはおいくつですか」という話を始めればいいし、自分にも子どもがいれば共通の話題には事欠かないでしょう。

自己肯定感が上がる習慣

質問力を磨けば会話がラクになり信頼される

ほとんどの人は自分のことを語るのが大好きだし、教えることも好きです。だから、自分が知っていることで話題を振るのではなく、相手のことを聞くことです。そうすれば自分がしゃべらなくても、相手がしゃべってくれます。

つまり会話が苦手で口ベタな人は、ズバリ「質問力」を高めることです。

そもそも、質問する側が会話の流れをつくります。そして、**良い質問を良いタ**

イミングで投げかけることができれば、相手から信頼されます。

なぜなら、上手な質問をすることは、「相手の承認欲求を満たしてあげること」でもあるからです。

だから雑談における質問での重要な点は、「相手がしゃべりたいこと、言いたいことを聞く」ことです。

それはたいてい相手が自慢したいことなので、「以前、社内MVPを連続して取られたんですよね」「秘訣を教えてください」とか、相手が詳しいことについて「すごくお詳しいですよね」とか、相手のこだわりについて「どうしてですか?」などと聞くことです。

その話題は、相手の過去から現在に向かって聞く方が、相手も答えやすくて盛り上がります。

たとえば「将来ご引っ越しのご予定は?」などと言われても、未来のことは返答に迷いますが、「いつから東京にお住まいですか?」と過去のことを聞けば、相手もストレスなく答えられます。

また、事実情報を聞くことに偏らず、前述した「相手のこだわり」、つまりその動機や背景を聞くことも、相手が気分良くしゃべってくれる促進剤になります。

たとえば「東京には10年前から住んでいます」と答えが返ってきたら、「東京に来られたきっかけは何だったんですか？」「大学進学で」「一人暮らしは大変だったんじゃないですか？」などと話を広げていけます。

そこに、相手の回答と自分との共通点を探りながら、「実は私も一人暮らしを始めて、家具がそろうまで時間がかかって困ったんですよ」などと共感が得られる情報を加えていくのです。

パーティーなどで初対面の相手と名刺交換したときも、「元々このお仕事をされていたんですか？」「いえ違うんです」「どうしてこの仕事を選ばれたんですか？」と、過去の事実を聞いて、さらに動機や背景に切り込むと、会話が長続きします。

注意点としては、相手があまり考えなくても答えられる質問、相手があまり迷わずに答えられる質問を心がけることです。

たとえばプロ野球などで活躍した人によく聞かれる「あなたにとって野球とはなんですか？」などという質問は、抽象的すぎて相手も答えに困るでしょう。「仕事に決まってるだろ！」などとは、思っていても言えませんから。

また、おそらく相手が今まで何度も聞かれているであろう質問や、ちょっと調べればわかるような質問も避ける必要があります。

私も講演の仕事を依頼したいという人と打合せしたとき、「どんな経歴なんですか？」「どんな投資をされているんですか？」などと、私のホームページやブログを読めばわかるだろうというような質問をされたことがありました。

こちらは貴重な時間を割いて会っているのに、事前に何も調べず丸腰でやってくる姿勢にウンザリし、その仕事はお断りしました。

また、質問して返ってきた答えに対し、「いや、それはちょっと違うと思うよ」などと否定的な反応もしないよう注意が必要です。

人は誰でも、自分のことを否定する人に反発するし、いい気分はしないものです。なのでどのような回答であっても、まずはいったん「そうですね」などと肯定してあげることが必要です。

メールにも自己肯定感が表れる

自己肯定感を下げている習慣

メールが返ってこないだけで傷つく

自己肯定感が低い人がチャンスを逃しやすい理由のひとつに、「傷つきやすい繊細さ」があります。

たとえば**「1回メールを送って返事がなかっただけで、落胆してあきらめる」**といったことです。

彼らは「相手は私のことを嫌いなんだ」とか、「しつこくすると嫌われるかも」などと、痛々しいまでに謙虚でナイーブです。

しかし実際には、相手がたまたまメールを見落としていたとか、後でもいいかと思って放置し、うっかり忘れていただけかもしれません。

どうやって返事をしようか迷っていたものの、そのうち時間が経過してタイミングを逃し、「今さら返事をするのも気まずい」という感じで結果としてスルーすることになった、というケースだって少なくありません。

自己肯定感が上がる習慣

メールは2回送ろう

これは私もたまにあることで、「今すぐどうするか決めかねる」「ちょっと今はそれを考える余裕がない」「これはしっかり文面を練らないとトラブルになりそう」という感じのメールが来た場合、「迷っている」というのも相手に失礼かと思ってすぐに返信もできず、そのままノーレス……というパターンが過去は何度かありました。

なので、1度メールをしてもなかなか返事が返ってこないからといって、「あぁ、自分は嫌われたんだ」と傷つく必要はまったくありません。

気軽に「その後いかがですか？」「先日お送りしたメールは届いておりますか？」と回答を促すことです。それでもスルーされたら、「この人とは縁がないな」でいいのです。

そしてこれはメールに限らず、普段のちょっとしたコミュニケーションのズレも、いちいち「自分は嫌われたんだ」「あの人を不快にさせてしまったかもしれない」とクヨクヨしないメンタルの獲得が必要です。

それには先ほど紹介した「役割交代思考」を発動させ、「自分だったらこのくらいのことで相手を嫌うかな？」と考えてみましょう。たいていの場合、「別になんとも思わないよね」となると思います。

自然に「人と比べなくなる」心の持ち方

自己肯定感を下げている習慣

勝ち負けにこだわりすぎる

自己肯定感が低い人のひとつの傾向に、「勝ち負けにこだわりすぎる」性格が挙げられます。どうしても他人と比較してしまうからです。

前述の繰り返しになりますが、比較したところで上には上がいるのでどうしても自分が劣り、劣等感を覚える頻度が多くなります。

また、ほかの人と比較してしまうがゆえに、不必要な嫉妬の感情が起こります。

比べなければ「他人は他人」「自分は自分でいい」「そういうもの」で済ませられますが、ついつい気になってしまう。

もちろんある程度は仕方ありませんが、**他人と比較することで意味があるのは、「もっとがんばろう」などと、それが発奮の材料になる場合だけです。**

そうでなければ他人との比較は、個人の幸福にまったく寄与しないどころか、害悪になります。

また、自分の優位性を誇示したいがために、自分が本当にやりたいことや求めていたことが見えなくなることがあります。

安売り競争と同じで、「あそこが値段を下げたからうちも」と、他者と比べて対応策を打っても、行きつくのはチキンレースであり、苦しくなるだけ。

結局、他人との関係性で優越感を得ないと自分が満たされないのは、自分以外の外部に依存した状態で、非常に脆弱なのです。

自己肯定感が上がる習慣

執着をいかに捨てるか

比較する人は、執着しやすい人でもあります。

地位やお金、立場やプライドといった何かに執着すればするほど、悩みが生まれます。

不倫相手に執着するから、「いつ別れてくれるの?」と責めて悩む。人間関係に執着するからマウンティングしてくる友達に悩む。お金や安定に執着するから、離婚したくてもできない。

「人からどう思われるか」に執着するから、「こんな服装は恥ずかしい」と着ていく服に迷う。「自分の評判」に執着するから、SNSが気になる。

「会社員という立場」に執着するから、正社員になれないと悩む。あるいは会社がどんなにしんどくてもしがみつこうとする。プライドに執着するから「失敗したら世間体が悪い」と挑戦できない。

つまり、「執着」が悩みを生み出す源泉になっているとも言えます。

そこで、執着を一つひとつ捨てていくことです。これには時間がかかりますが、捨て去ったあとには、とても爽快な生活が待っています。

たとえば私は、自分が会話の中心であることに執着しないので、一人ぽつんと孤立しても気になりません。

人間関係にも固執しないので、来る人は拒まず（多少は選びますが）、去る者も追わず、気にいらない人とは縁を切るのみ。人からどう思われてもいいと思っているので、服装も発言も振る舞いも自己中心。

そもそも本当に大事な人とは、お互いに尊重し合うことができる人です。だから悩みに発展するような関係にはなりませんし、そうでない人とは疎遠になるだけです。

かつては「経営者」「代表取締役」という立場でしたから、「有能でなければならない」と思っていましたが、今は何でもいいやと思っています。

自分を大きく見せる必要もないので、自慢することも盛ったりすることもない。だからほぼすべて自己開示、カミングアウトしており、ウソをつく必要もないし隠し事もない。

「稼ぐ」ことには多少のこだわりはありますが、お金自体に執着はないので、必要なことには大胆に使えています。


このように執着やこだわりがなくなれば、つねに自然体で生きられます。どんな暴風雨が来ても自分だけは影響を受けず、流れるように、そして静寂で穏やかな生活を送ることができます。

ではなぜそう思えるようになったかというと、私の人生後半戦の軸が「自由」であることに固まったからです。

自由であるために必要なこと。それは誰にも干渉されず誰にも干渉せず、それでいて圧倒的にお金を稼げる仕組みを持つこと。それを数年かけて構築したからです。

私の個人的体験を一般化するつもりはありませんが、やはり自分の「幸福」の軸を明確にし、それに寄与するものとしないものを峻別していくことです。

「これが自分の幸福のありかた」という軸がはっきりすれば、他人との比較は意味がなくなります。

他人との勝ち負けは関係なくなります。

他人との違いを容認できます。

他人の状況のほとんどはノイズとしてスルーできます。

それは自分のペースを守って生きられる穏やかな人生の土台となるのです。

自己肯定感が上がる習慣

「個性」を発揮し、「行動原理」を明確にする

仮に他人と比べたとしても、心の安定が揺らがない精神力を獲得するもうひとつの条件として、比較しても人間の価値が上下するわけではないことを認識し、マイナスの影響をもたらさない心構えが必要です。

たとえば、自分が劣等感を持っている相手に勝ったところで、自分の何が満たされるのかを振り返ってみる。

優越的な立場になれば、確かに自尊心は満足します。自己愛も満たされます。**しかしそれはその瞬間だけで、また優越感を味わうために、他人と比べては自分を大きく見せようと背伸びしたり、あえぐ羽目になります。**

自分の承認欲求を満たすことに一生懸命になれば、自分にとって本当に幸福な生き方はどういうものかに発想が及ばなくなるでしょう。

そこで、他人ではなく自分の素質を見つけて伸ばすことにフォーカスすることです。

自分が持っている「好き」「得意」を発揮すれば、その時間そのものが楽しいし、唯一無二の存在になれる可能性を秘めているからです。

たとえばアイドル歌手グループにいれば、誰がセンターに立つか、誰が人気投票で上位に入れるかなどなど、いろいろ比較されます。

しかし、たとえば和田アキ子さんや黒柳徹子さんは自分の強みを発揮し、自分の領域で勝負しているから、どっちが偉いかなんて話すら出ないでしょう。

ビジネスでも、競合は参考にしたとしても、ウチはウチの価値を追求する、独自の立ち位置で勝負する、という姿勢で取り組んだ方が疲弊しないのと同じです。

そして、自分の行動原理を論理的に説明できるぐらいに、自分の価値観を明確にすることです。

「自分はこのような信念に基づいて行動している」という揺るぎない確信があれば、仮に比較して自分が劣っていたとしても、それで卑屈になったり妬みの感情を引きずったりすることはありません。

たとえば、私が持っている車は19万8千円で買った中古の軽自動車です。チョイ乗りしかしないのに、そこに大金をつぎ込んで駐車場に飾っておく意味が感じられないからです。

確かに、憧れの高級車を買えば、朝自宅を出るときに誇らしい気分になり、帰宅したときも癒されるかもしれません。でもその感覚は一瞬で終わり、自分の人生が変わるわけではない。

というわけで、**私は知人や近隣の人がどんな車に乗っていようと、まったく気になることがないのです。**

もちろん、嫉妬の感情を完全に消すのは難しいかもしれません。

嫉妬の感情が生じたら、自分が目指すものをその人が実現しているからであると、自分の目標を再認識するチャンスだと捉えることです。

そういう捉え方ができれば、相手が持っていて自分にないものは何か、冷静に分析ができるようになります。

幸福は他人との勝ち負けでは決まらないし、他人の成功は自分の人生とは関係ありません。

人が大切にしていることはそれぞれ違うので、他人との比較の延長線上に幸福な人生はないことを、まずは認識することです。

それがわかれば、どんな価値観もその人にとっては正しいんだとスルーでき、誰かに対して批判的になったり憤ったりすることもなくなります。

結果的に、平穏な感情で生きられるでしょう。

5章

「自分」という個性を発揮しきるコツ

自分らしさが活きるスタイルを作り上げる

自己肯定感を下げている習慣

「外向的人間の方が価値がある」と思い込む

自己肯定感が低い人の多くは内向的です。引っ込み思案や人見知りという傾向もあります。

話し方などコミュニケーションに関する書籍やセミナー、講座はたくさんあって人気もあるようです。自己肯定感の高低に限らず、会話ベタ、口ベタなどを改善したいと思っている人が多いからでしょう。

そしてその根底には、「会話が上手な方が能力が上」「人は外向的・社交的な方が価値がある」という認識があるのだと思います。

しかし、本当にそうなのでしょうか。

実は内向的な人にも固有の強み・魅力があり、それを上手に引き出せば、外向的な人以上の成果を上げたり、幸福を手に入れることができます。

外向的な人の中には、周りを明るくする能力に秀でている一方、一人ひとりと深くじっくり話すのは苦手で、友達は多いけれども悩みや本音を打ち明けられる親しい人は少ない、という人も多いのです。

「外向的で会話上手な人が、人間として好ましい」という価値基準で比較すると「自分はダメ」となりますが、そうではない価値もたくさんあると、まずは知ることです。

学校や職場で魅力的な人、みんなが憧れている人は、一般的にコミュニケーション能力が高いと思います。

しかしコミュニケーションとは、全員に好かれるような気の利いた発言をする

ことや、立て板に水のごとくスラスラとしゃべる能力ではなく、目的に応じて適切に意思疎通できる力のことです。

学生時代のような、みんなの中心になって場を明るく盛り上げる能力だけではありません。

報告、相談、質問、スピーチ、プレゼン、交渉、説得、説明などなど、コミュニケーションには多種多様な形態があり、それぞれに目的も違います。

言葉よりも行動で示した方が効果的なこともあれば、聞き役に徹し適宜あいづちを打っていた方がいいときもあるでしょう。

つまり、その目的が達成できれば良いわけですから、無理して明るく振る舞ったり、饒舌にしゃべったりする必要は必ずしもなく、自分のやり方で自分らしくコミュニケーションをとればいいのです。

たとえば野球が下手だからといって、「自分は人としてダメだ」などとは思わないでしょう。

野球以外にも、ゴルフ、バスケ、バドミントン、バレーボール、卓球、剣道、陸上など競技はたくさんあり、その中で自分の才能を発揮すればいいはずです。

人間関係も同じく、自分の得意な方法で関わればいい。

憧れのあの人のようになりたいと無理して自分を変える必要はないし、「場を楽しく盛り上げる」ことができないからといって、劣等感を抱く必要もありません。むしろ大事なのは、「自分という個性をいかに発揮できるか」を考え追求することです。

たとえば、今の私は、ほぼノートパソコンだけで完結する生活を送っていますが、自分を活かせる環境が整ってきたように感じます。

たとえば本やコラムのような「書く」仕事はもちろんですが、商談なども、ほぼパソコンとメールで完結します。

電話で話す時間も頻度も圧倒的に減っていて、仕事でも「緊急以外は電話に出ない」「なるべくメールやチャットで」という人も増えていますよね。

私も、登録してある電話番号以外からの着信には基本的に出ませんし、重要なら留守電にメッセージが入るはずですから、あとで自分の都合の良いタイミングで折り返すようにしています。

新型コロナウイルスの影響により、リモートワークやテレワークが浸透してきていますから、こうした環境は内向的な人間にとって大きな追い風です。

自己肯定感が上がる習慣

「外向的」へのむやみな憧れから卒業する

外向的か内向的かは、たとえば色鉛筆の青と緑を比較しても優劣はつかないのと同じで、「良いか悪いか」ではありません。

ではなぜ、自分の性格に悩む人が少なくないのか?

それは、「外向的でなければならない」という思い込みに執着しているからで、その執着を外してしまえば、それは悩みではなくなります。

そもそも内向的というのは、単に人間関係の中で目立たないだけで、仮にコミュ障とか話ベタでもあっても、そこに結果がついてくれば何ら問題ないはずです。あるいは自身が満足し幸福感を得られるなら、外向的であろうと内向的であろうと、どうでもいいことです。

そもそも弱みや欠点というのは相対的であり、環境や立場を変えると強みになることがあるというのは、よく知られていることです。

口ベタだと人間関係においてマイナスだと考えがちかもしれませんが、誠実でまじめそうな印象を与えることができます。

無口な人がたまに言葉を発すれば重みをもって受け止められるし、寡黙さは冷静さとなり、頭が良さそうとか、落ち着いた人と映ることもあります。

反対に、外向的ゆえにそれが欠点となることもあります。

たとえば社交的な人はワイワイ騒いだり場を盛り上げることはできても、前述の通り、ひとつのテーマに対して深くじっくり話すことが苦手な場合が少なくありません。

内向的な人は友達が少ない分、深いつきあいになるのに比べ、外向的な人は、友達はたくさんいるものの、そのつきあいは浅いこともあるのです。

口がよく回る人、外向的でおしゃべりな人はコミュニケーション上手と思われることがありますが、コミュニケーション能力と「口達者」はまったくの別ものです。

つるんと口が滑って炎上し、叩かれる政治家や芸能人がよくメディアを騒がせますが、これではいくら口達者でも、むしろ損ですよね。

外向的な人は、落ち込んでいる人に対して「元気を出して」などと安易な慰めをしがちですが、落ち込んでいる人にとっては、そういう声かけはむしろうっとうしいこともあります。

しかし内向的な人は、自分の空間を大切にするため、相手の領域にずけずけと踏み込むようなことはしないで、優しく見守るということができます。

外向的な人は、何か問題が起こると大騒ぎして周囲を巻き込みがちですが、内向的な人は人に頼る勇気がない分、自分でなんとかしようとするので、物事にいちいち動揺しないものです。

自己肯定感が上がる習慣

内向性を強みにする

学生時代を思い出してみると、クラスの中でいつも中心にいて人気を集めていた人がいたと思います。

では、その人たちは今、どんな状況でしょうか?

成功している人もいるかもしれないし、そうでない人もいるでしょう。

つまり成功や幸福は、外向的か内向的かで決まるわけではないということです。

私は数人のＩＴベンチャーの社長を知っていますが、ほとんどの人は無愛想で、口数も少なく、ノリも良くありません。

一方、飲食業のオーナーもたくさん知っていますが、たいてい人懐っこくて、周囲を楽しませる話術に長けています。ホスピタリティも高く、サービス精神旺盛です。彼らがいると場が盛り上がります。

ここからわかることがあります。

成功している人は結局、自分の資質や適性を活かせる職業、活かせる分野を選んでいるからこそ活躍できているということです。

そしてそれは、一般人である私たちも同じです。

資質は、自分を活かせる世界をある程度限定してくれます。

また、性格は学習して獲得した処世術です。

それらを踏まえて、自分が生き抜く方法、生きていく世界を選ぶことが大切です。

肌の色が違うからといって、人間としての魅力や価値には関係がないように、内向的か外向的かという資質も、人間としての価値には無関係なのです。

それに、内向的に生まれてきたということには何らかの意味があるわけですから、素の自分のままで自分の才能が発揮できる場所を選ぶことです（むろん努力しなくていいという意味ではなく、努力が苦でない環境を選ぶということです）。

たとえば私の卑近な例で恐縮ですが、すでにできあがった人間関係の中には入れないので、アルバイトをするときも「居酒屋新店オープンのためアルバイト募集」など、みんなが初対面で横一列スタートのものを選んでいました。

次は工事現場やビル清掃など、会話をあまり必要とせず、一人で黙々とやるものを選ぶようにしました。

そのおかげで、人の輪に入れず肩身が狭い思いをすることはありませんでしたし、黙々とマジメに仕事をする人間だという評価を受けることができました。

また、人はある場面では内向的でも別の場面では外向的になるなど、いつも同じではありません。

たとえば前述のＩＴベンチャーの社長で言えば、普段は寡黙であっても、仕事に関する話になると饒舌になります。

彼らにとっては、雑談が苦手なら部下に任せればいいし、仕事できちんとプレゼンできれば問題ないということなのでしょう。

だから自分の特徴とそれが及ぼす影響を知っていれば、有利に働く場面ではフル活用し、不利に働く場面では回避行動を取ればいいのです。

自分の外向的な部分と内向的な部分をしっかり把握しておけば、自分に無理をせず、でも必要な場面では有利に働かせるということが可能となります。

内向的素質に逆らって別の自分になろうともがくよりも、素質にプログラムされている特徴や能力を活かしていくことが大切です。

自己肯定感が上がる習慣

人見知りに向く職業や仕事のやり方がある

内向的な人間には、その特性を活かせる仕事や職業があります。

口ベタなら口ベタでも活躍できる仕事、引っ込み思案なら引っ込み思案でも活躍できる仕事、人見知りなら人見知りでも活躍できる仕事があります。

なので、もし自分は内向的だという認識があるのなら、より深く自分の性格や傾向を把握し、それでも成り立つ職業を選ぶことが、内向型人間にとっての最重要戦略です。

なぜなら、仕事であれば人間関係がドライでもまったく問題ないし、必要なお金を稼げてさえいれば友達が少なくても気にならないし、人との会話をなんとかしなきゃと気をもむ必要もないからです。

それに、自分の素のままで活かせる職業に就いたとしたら、仕事そのもので充足感を得られるので、これはとても幸せなことです。

誰かに話を聴いてもらいたいなどという欲求も起こらず、仮に一日中まったくしゃべらなくても満足できる日々が送れます。

結局は自分の気質に合った職業選択がカギであり、そうすれば能力も開花し、才能が発揮され、お金を稼ぐ原動力にも生きる力にもなります。


私がこのように「内向型でも大丈夫」などと言えるのも、人並み以上に稼いでいて、経済的な心配がほとんどないからです。

内向型人間は、やはり自分と向き合う仕事、一人で淡々とする仕事が向いています。


特に創作の世界では才能を発揮しやすく、イラストやデザイン、文章、写真、プログラミング、作詞作曲、芸術・工芸などは典型的です。

一般的に内向的な人は創造力が高い傾向があるのですが、その典型例がマンガ家や作家です。本当にネクラで引きこもりタイプが多いのです（失礼）。

そしてそれで十分成り立つ仕事です。接する人は基本的には編集者だけ（あるいはスタッフぐらい）で気楽ですし、先生扱いですから人間関係の苦労も少ないと言えるでしょう。

内向性が軽度の場合は、**調査研究やジャーナリズム**、**コラムニスト**という方向も考えられます。取材や論文発表など多少の外向性が求められるものの、それ以外では引きこもりが可能です。

ほかにも**投資家**という道もあります。

たとえば私がやっている不動産投資は、物件を取得するまでは大変ですが（不動産業者や金融機関とのやりとりがある）、そこをクリアすればやることはあまりなく、賃貸管理業者との連絡もほぼメールです。

それこそネットトレーダーはパソコン1台あれば十分で、家から一歩も出なくても、誰とも会わなくても完結します。

意外に適性があるのが**農業**です。

農作業は会話がほとんど不要で、黙々とやる作業です。朝起きて畑に行って作業し夕方に戻って来るという単調な生活ですが、合わせるのは人間ではなく季節や気候や作物なので、気疲れすることもありません。

家族でやれば会話は家族内だけでいいし、納品は農協や契約スーパーだけだったりするので、内向的な人には向いています。

また、働き方としては会社員よりも自営業の方が適しています。

会社員はどうしてもチームで成果を出すことが求められますし、苦手な人とも関わらなければなりません。他部門との関わりなども含め、組織の秩序を乱すことはできないでしょう。

しかし自営業ならば、人間関係は比較的自由に選ぶことができますし、組織のしがらみに囚われることなく、自分のペースで仕事ができます（ただし下請けフリーランスの場合、発注元から安く叩かれるリスクがあるので要注意です)。

ポイントは「データで納品できる」仕事であることです。

文章やデザインなど、データで納品できれば働き方は非常にフレキシブルになるし、人と接する頻度も劇的に減らすことができます。

また、外向的な人が向いていると思える仕事でも、内向型に寄せた働き方に変える工夫をすることで活躍できることがあります。

たとえばシェフなど料理人では、無口で不愛想なのに店は流行っているというケースは珍しくないでしょう。

自分は料理に専念し、接客はフロア担当に任せれば、あとは仕事の指示だけ。家族経営の街の定食店などにも見られますね。

特に和食の料理人にはこの傾向が強い印象がありますし、ラーメン店の店主が頑固で変わり者でも、ラーメンが美味しければ客は来ます。客にとっては店主が不愛想かどうかはどうでもいいことでしょう。

実は私も、これらを踏まえた職業選択をしたおかげで、自由とお金と幸福が手に入りました。

たとえば本書のような書籍の執筆やコラムの執筆なども、編集者と会うのは最初の企画の打ち合わせのときだけで、あとはメールでのやりとりです。原稿はメールで納品できるし、ゲラ（本の体裁になった紙の原稿）も宅配便でやりとりします。

いちおうの締め切りはありますが、多少の遅れは容認してもらえる出版社がほとんど。そして、基本的にパソコン1台あれば、いつでもどこでも仕事ができます。

本の流通は出版社と取次がやりますから自分の出番はほぼなく、電子書籍化されれば、それこそ自動販売機のようなものです。

また、私は投資家としての顔も持っており、不動産投資や太陽光発電投資、FXや仮想通貨の取引をしていますが、前述の通り不動産は管理会社に任せており、太陽光もたまに一人で草刈りに行く程度。

ＦＸや仮想通貨に至っては、パソコン画面を見ながらトレードするだけで、これも一人でやる作業です。

こうした仕事のおかげで、引きこもりでも十分以上の生活が成り立っています。

「そんなの誰にでもできることじゃない」「あなただからできたんだろう」「特殊なケースで真似できない」という批判があるかもしれませんが、私の周りにはそうやって稼いでいる内向的な人（自営業者）は結構いるので、目指す価値はあると思います。

自己肯定感が上がる習慣

分野を絞り込んで専門性を打ち出す

あくまで一般論ですが、外向型の人は問題の処理スピードは速いものの、複雑で難易度の高い課題にじっくり取り組むのは苦手な傾向があります。

一方、内向型は、時間はかかるものの簡単にはあきらめず、課題に集中し注意深く課題に当たろうとします。精神的に自立していて落ち着きがあり、問題解決能力も高い傾向があります。

また、内向型は一般的には創造力が高いと言われており、だからクリエーター職にも内向型が多いのだと思います。

仕事でもプライベートでも、内向型は単独作業など孤独を好むのですが、孤独は革新の触媒となることが多く、これは大きな長所と言えます。

たとえばブレインストーミングは、何人かでアイデア出しをするときに行われますが、実はあまり効果がなく、個人でアイデアを出した方が集団よりも数・質ともに圧倒するということが、各種の調査で明らかになっています。

集団であるゆえに、自分の意見がどう評価されるかというある種のプレッシャーが生まれるうえ、人によっては誰かに任せようという放棄姿勢や流されるという側面があるなど、良いアイデアにはつながらないからだそうです。

そしてもちろん、人数が増えればさらに効果は落ちることになります。
つまり単独作業の方が、創造性や独創性との結びつきが強いのです。

こうした内向型人間の特徴を踏まえると、積極的に売り込まなくても自分をアピールでき存在感を示せるような、専門性を追求する生き方が合っていると言えるでしょう。

研究開発にしろ分析にしろ、専門分野で社内ナンバーワン、業界ナンバーワンであれば、相手方から問い合わせが来るからです。

もっと卑近な例で言うと、たとえばパワーポイントの使い方は誰よりも詳しいとか、労働法の知識は誰よりも豊富で、周囲があなたに聞きに来る、といったイメージだとわかりやすいと思います。

つきあいが悪くても、ランチはいつも一人ぼっちでも、話の輪に入れなくても、相手に対し「にこやかに対応する」といった点だけ意識すれば、社内で孤立するようなことはありません。

本来の自分で勝負できる土俵を選ぶ

本来の自分とは異なる姿を演じるのは、誰でも疲れるものです。なので本当は内向的なのに、外向的なふるまいをしていては、その疲労が蓄積し、やがて燃え尽きてしまいます。

しかし、自分が使命感を持っていることや、高く評価していること、誇りを持っている仕事、大切な人に関すること、愛する対象を守るためなど、内発的動機づけに基づく場面では、内向的か外向的かを超えて適切に振る舞え、自分の能力を発揮することができます。

これを心理学用語で「自由特性理論」と呼びます。

だから内向的な人であっても、たとえば子どもの学校のＰＴＡ役員になったら積極的に発言したり、自分が使命感を持っているプロジェクトのプレゼンでは堂々と話すことができたりします。

私は小さな子供を持つ主婦たちのSNSグループに所属しているのですが、普段は控えめで口数が少ない主婦であっても、子どもの通学環境や学校の問題についてとなると熱い意見を言うのを、よく目にしています。

これもやはり、我が子のためという背景が、内向的な人を外向的に変えるのだと思います。

私自身も普段は無口で愛想がないのですが、妻が主催するパーティーや自宅でのホームパーティーでは、なぜか陽気に振る舞えます。妻が紹介してくれた人とは、全員ではありませんが、雑談も含めて朗らかに会話できます。

それはやはり自分の家族の大切な友人知人だからで、もしそういう関係でなければ、おそらくダンマリを決め込んでいると思います。

そして仕事面でも同様に、私は投資や資産運用に関する講演が多いのですが、自分が積極的に取り組んでいることに関しては饒舌に話すことができるし、質疑応答も笑顔で対応できます。

その姿だけを見た人には、私が自分のことをネクラで人見知りで引っ込み思案だと言っても信じられないと思います。

つまりそのくらい、**自分がコミットしていること、熱心に取り組んでいることに対しては、無理しなくても外向的に振る舞える**（**ことが多い**）ということです。

ということは、そのような対象を持つことが重要であり、才能を開花させる方法の一つであることがわかります。

人づきあいで悩まない習慣

自己肯定感を下げている習慣

職場で孤立しやすい

私は割と職場で孤立しやすい傾向がありました（周囲の人がどう思っていたかはわかりませんが）。

それはなぜかというと、同僚とのランチや残業時の夕食が苦手で、誘われてもよく断っていたからです。

食事のときに話すことが見当たらず、会話にも興味が持てず、ただ食事するだけなら一人の方が気楽でした。

当時はそのようなことを意識してはいませんでしたが、今思えば自分の方から孤立するような態度、孤立するようなオーラを出していたのだと思います。

そして同じく自己肯定感が低く内向的な人には、私のように職場で孤立しているとか浮いているという人は少なくないと思います。

でもそれで悩んだり、ハブられて苦しいなどと感じる必要はありません。

なぜなら、会社は仕事をする場であり、仕事で成果を出すことが求められているわけです。自ら進んで険悪な関係にさえしなければ、つきあいが悪くても、仕事をしっかりしていれば咎められることはないからです。

会社では業務に必要な会話だけにとどめれば十分で、どうすれば職場の人間関係が良くなるかを考えることは、特に内向的な人にとっては苦痛なだけです。

自己肯定感が上がる習慣

コミュニケーションで悩まず、成果を出す

それよりも、職場では成果を出すことに全力を注ぐ。仕事で成果を出せば、周囲から一定の評価のまなざしを注がれるため、自分の居場所を感じることができ、孤立感は薄らぎます。

そして、「あの人はああいう人だから」という社内ブランドができあがり、人づきあいが悪いとか、ノリが悪いとか、ネクラで無口だという性格も「個性」として認めてもらえるようになります。

だから内向的な人ほど人間関係にフォーカスせず、仕事にフォーカスすることです。

ただし、だからといって不愛想で良いということにはなりません。

「近づくなオーラ」を出していると、とっつきにくい印象を与え、仕事がやりにくくなるでしょう。

「アイツは他人を排除しようとしている」「協力しようとしない」と思われるの

は損ですから、ただ内気でおとなしいだけなんだ、と思われるように振る舞うことです。

特に私は、昔から黙っていると「怖そう」と思われることがよくあり、眉間にしわが寄っていてよけい不機嫌な感じなので、人前ではできる限り笑顔を心がけています（いつもできるわけではありませんが）。

なので、とにかく「あいさつは笑顔で、返事も元気良く」を意識することです。話しかけられたらいったん仕事の手を止め、口角を上げてにこやかに対応するようにしましょう。

もうひとつは、おなじみではありますが「周囲に感謝すること」。

もっと具体的に言うと、**「ありがとう」を口癖にする**ことです。

イヤミで言う場合は別として、相手から「ありがとう」と言われてうれしくない人はいません。好意までは望めないとしても、少なくとも「気配りができるいい人」という印象は与えることができます。

すると、自分が一人でいるとき、グループの中でポツンとしているときなどに、周りが気遣って声をかけてくれる可能性が高まります。

あなたも思い当たるフシはありませんか？　気配り上手な人が寂しそうにしているとき、どうしたのかなと気になったり、声をかけたくなったことが。

人間には、周囲にいつも感謝しているような人を放っておけない性質があるのです。

だから孤立しやすい人ほど、意識して周囲に感謝することです。

おわりに

さて、こんなふうに偉そうなことを書いている私ですが、では若い頃から素直に自分を受け入れ達観した生き方をしてきたかというと、もちろんそうではありません。

「自分は素のままの自分でいいんだ」という感覚が顕在化したのは、たしか40歳ぐらいになってからだと思います。結構遅いですね。

自己肯定感は比較的高い方だという認識はありますが、「それを自己肯定感と呼ぶんだ」と意識したのも、こうした本を書くようになった数年前からです。

それまではやはり、人の目を気にし、自分の評価を気にし、他人と比較し、多かれ少なかれ本文でも紹介したような悩みや気苦労を経験しました。

ネクラで口ベタ、人見知りの自分を変えたいと思ったこともありますし、社交的な人がうらやましいと感じたこともありました。

それがなぜ、今のように誰の目も気にせず、自由で楽しく、未来はとんでもなく明るいと思えるようになったのか。

蛇足ながら、本書の最後にご紹介したいと思います。


先ほど私は自己肯定感は高い方だと述べましたが、その理由のひとつは、やはり家庭環境に恵まれたということがあると思います。

3人姉弟のサラリーマン家庭で、裕福ではなかったものの、親は私を他人と比べたり、親の価値観を押し付けたり、先回りしてレールを敷いたり、私の考えを否定したりしませんでした。

私の意見はすべて尊重してくれ、やりたいことは何でもやらせてくれました。すべてを私に決めさせてくれました。

そういう「何ら制約を受けない幼少期」「すべて自己決定させてもらえ、自分が納得できる生き方を選んできた思春期時代」がベースになっていることは間違いないと思います。

それに加え、「何かに秀でて周囲から認められたこと」「努力して成し遂げるという成功体験を積んだこと」も大きいと思っています。

たとえば私は小学生の頃から運動が得意で、運動会やスポーツ大会ではいつも活躍していましたし、先輩からも一目置かれていました。

高校になってからも、他のクラスからわざわざ私の顔を見に来る人がいるなど、運動面でチヤホヤされ、これで承認欲求がある程度満たされたのだと思います。

努力して成し遂げる経験については、たとえば第一志望の高校に受かったとか、大学もとりあえず目標としていた東京の大学に受かったというのはあります。

しかしやはり、仕事で成果を出せる自分になったというのが最も大きな自信になっているように感じます。

ただし、ちょうど就職氷河期にぶつかり、どこにも就職先が決まらず、しばらくフリーターをしていたこともあります。
初めての就職先では、ミスばかりして毎日のように叱責され、うつ寸前になってわずか1年で逃げ出すなど、挫折も経験しました。

しかしその後に転職したコンビニエンスストア本部では、「自分は仕事の能力が低いから、人一倍努力しなければ」と、傷ついた自尊心を取り戻すために「2年間は人間らしい生活を捨てて仕事に没頭する」と決めました。
なぜ2年間かというと、「3年はちょっと長く、どうなるかわからない」、「多くのビジネススクールは2年制だから、2年がんばれば成果が出るんじゃないか」という、ちょっと安直な発想でしたが。

コンビニでの最初の仕事は、店舗勤務です。

朝は7時に店舗に行き、夜10時より前には家に帰らない。土曜日も祝祭日も働き、休みは週1日だけ。会社には残業代も休日出勤代も最低限しか申請せず、自己研鑽の期間と割り切って働く。

1年後にはスーパーバイザーという店舗の指導をする職種に移りましたが、そこでも同じでした。営業車で直行直帰というスタイルなので、早朝から深夜まで動き回れます。空いた時間は競合店を見て、休みの日も新しい商業施設を視察に行く。

家では休息がすべてと割り切って、家事は徹底的に手を抜く。十分な睡眠こそが仕事の質・量を左右するから、睡眠時間を確保することに専念し、テレビも見ないしネットサーフィンもしない。夜11時に寝て、朝6時に起きれば7時間は確保できる。

もちろん掃除も自炊もしない。部屋が汚くても、ホコリで死ぬことはない。3食とも外食生活になっても、一生続けるわけじゃないからかまわない。

当時は独身で一人暮らしだから洗濯をしなければならないけれど、下着もワイシャツもスーツも6着分そろえ、バスタオルも多めに買っておき、日曜日にまとめて洗濯する。これで平日は洗濯から解放される。

遊びなども含め、仕事に関係ない他のことは何もできないけど、何もしない。朝起きたらサッとシャワーを浴びてすぐに家を飛び出し、帰宅しても30分以内に就寝です。

そして3年後、全国のスーパーバイザー150人の中から年間優秀社員として表彰されるまでになりました。

29歳で転職した外資系の戦略コンサルティングファームでは、自ら望まなくてもそんな環境を強いられました。

朝は9時半に出社で、夜はたいてい夜中の2時か3時頃にオフィスを出る毎日でした。平日はまず電車では帰れずタクシー帰り。もちろん土日、祝祭日も仕事です。

飲み会なども、歓送迎会など重要なもの以外はほとんど断り、旅行にも遊びにも行かない（というか行けない）。仕事に必要なこと以外の読書や学習には一切手を出さない（というか出せない）。

人間らしい生活を捨てて（というか、当時の外資コンサルファームでは捨てざるを得ない）、そこでも仕事に没頭する生活を約4年間続けました。

そんなサラリーマン生活を約9年間すごした結果、仕事の地力がつき、「自分はまあまあやれるレベルには来た」という自信になりました。

そういう生活を必ずしも全員に推奨するわけではありませんが、

「会社では、人間関係がうまくできなくても、仕事で成果を出せば周囲から認められ、自分の居場所が見つかる」

と本文でも主張したことの根拠になっています。

起業してからも成功と失敗の繰り返しで、会社を8社も立ち上げては2社を潰し、2社を廃業しました。

ここで学んだのは、

「失敗とは、成功に必要な試行錯誤にすぎない」

「失敗しても誰も笑わないし、悲惨なことは何も起こらない」

ということです。

失敗とは、最初の仮説が間違っていただけで、むしろ次への課題がわかる場面です。さらに他人の失敗なんて誰も気にしないし、多少の失敗では命まで取られることはない。借金さえしなければ、いくらでもリカバーできる。

これも、

「他人は、自分が思うほど、自分への興味を持っていない」

「だから過剰に周囲の目を気にし、過剰に配慮する必要はない」

と主張している根拠となっています。

こうして本やネット上のコラムを書くようになってからは、賛否含めていろいろな意見が寄せられています。

そこで気付いたのは、**自分の主義主張を色濃く出せば出すほど、離れていく人（炎上も含めて）がいる一方で、仲間やファンも増えていく**ということです。

人畜無害なことを言っていたのでは、ただスルーされるだけで誰の心にも届かない。しかし自分の信念に従い自分の本心をぶつければ（むろん思いやりのある言葉の選択は必要ですが）、必ず響く人がいる。反応してくれる人がいる。

本文でも「本音で人と接していこう」と述べたのには、会話も文章も含めて、そういう経験の蓄積もあったからです。

そして今に至るまで、約15年間の実業の経験を積むうちに、何が成功するかまではわからなくても、少なくとも「これは失敗するだろう」ということは直感的にわかるようになりました。

だから今では何をやってもうまくいく確信があります。なぜなら、失敗するであろうことは最初から排除できるからです。

そのため複数の収入源を作り、経済的にも困らない状態となりました。これも物理的な自由だけでなく、精神的な自由の獲得に貢献していると思います。

だからというとちょっと言いすぎかもしれませんが、皆さんにお勧めしたいのは、たくさん挑戦してたくさん失敗して、そこからたくさんの教訓を自分の中に積み重ねていくことです。

未知のことをどんどん既知にしていけば、多くのことが想定内となり、予測力も高まり、挑戦への不安が減っていきます。

努力して上達し、壁にぶつかっても乗り越え目的を成し遂げるという経験は、問題解決能力のみならず、強いメンタルを鍛えてくれます。

そしてそれらが根源的な自信となり、どんな逆境に陥ったとしても自分を支えてくれると確信しています。

これは私の信条のひとつでもあるのですが、自分という人間は先祖代々、何百年、何千年とさかのぼる数万人もの遺伝子を受け継いだ、最新鋭バージョンの存在です。

だからこそ自分は親を超え、自分の代が「いつも最高」と思える人生にすることが、私たちの役目ではないかと思っています。

同時に、自分という人間は唯一無二の存在であり、他人と違うからこそ価値を持つのです。周囲と同じなら無色透明で、いてもいなくても変わらないでしょう。

しかし、だからこそ人によって好き嫌いが分かれます。

そもそも、好き嫌いがなければ選択もできないし恋愛や結婚すらできないことになりますから、本来は必要な感情です。

つまり、自分を嫌う人が存在するのも自然なことであり、それは自分が自分らしく生きているという証拠なのです。

そう思えば、他人がどうこうではなく、自分は自分なりのやり方で幸福をつかめばよいとわかります。

そしてその幸福のあり方も、お金とか社会的地位などといった他人が勝手に決めた枠組みではなく、自分の本心に基づく価値観で目指すことが大切だと、私は考えています。

午堂登紀雄

著者紹介

午堂登紀雄（ごどう　ときお）
1971年岡山県生まれ。中央大学経済学部卒。米国公認会計士。大学卒業後、東京都内の会計事務所にて企業の税務・会計支援業務に従事。大手流通企業のマーケティング部門を経て、世界的な戦略系経営コンサルティングファームであるアーサー・D・リトルで経営コンサルタントとして活躍。2006年、株式会社プレミアム・インベストメント&パートナーズを設立。現在は個人で不動産投資コンサルティングを手がける一方、投資家、著述家、講演家としても活躍。『自分なりの解決法が見つかる前向きに悩む力』『「いい人」をやめれば人生はうまくいく』『孤独をたのしむ力』（いずれも日本実業出版社）などベストセラー著書多数。

"自己肯定感《じここうていかん》"のスイッチが入《はい》る!
自分《じぶん》を受《う》け入《い》れる力《ちから》

2020年11月25日　第1刷

著　者　午堂登紀雄《ごどうときお》
発行者　小澤源太郎

責任編集　株式会社 プライム涌光
電話　編集部　03(3203)2850

発行所　株式会社 青春出版社
東京都新宿区若松町12番1号 〒162-0056
振替番号　00190-7-98602
電話　営業部　03(3207)1916

印刷　共同印刷　　製本　フォーネット社

万一、落丁、乱丁がありました節は、お取りかえします。
ISBN978-4-413-23177-0 C0030